心学大师湛若水丛书

湛若水的民生思想

程潮／著

广州新华出版发行集团
广州出版社

图书在版编目（CIP）数据

湛若水的民生思想／程潮著．—广州：广州出版社，2018.7
（心学大师湛若水丛书）
ISBN 978-7-5462-2807-5

Ⅰ.①湛…　Ⅱ.①程…　Ⅲ.①湛若水（1466—1560）—政治思想—研究　Ⅳ.①B248.995

中国版本图书馆CIP数据核字（2018）第154242号

书　　名　湛若水的民生思想
Zhan Ruoshui de Minsheng Sixiang
出版发行　广州出版社
（地址：广州市天河区天润路87号9楼、10楼　邮政编码：510635
网址：www.gzcbs.com.cn）
策　　划　柳宗慧
责任编辑　杨珊珊　区力文
文字编辑　赵晓彤
责任校对　李少芳
封面设计　肖晓文
印刷单位　广东信源彩色印务有限公司
（地址：广州市番禺区南村村东兴工业园　邮政编码：511442
电话：020-31035501）
规　　格　787毫米×1092毫米　16开
字　　数　125千
印　　张　7.75
版　　次　2018年7月第1版
印　　次　2018年7月第1次
书　　号　ISBN 978-7-5462-2807-5
定　　价　35.00元

前言

湛氏若水（1466—1560），初名露，字民泽，后因避祖讳，改名雨，40岁时开始定名若水。字元明，号甘泉，谥号文简。明代著名思想家、教育家、政治家。甘泉是明代心学奠基者陈白沙的衣钵传人，他们创立的学派被称为岭南心学，以便区别于王阳明为代表的阳明心学。甘泉寿高，享年95岁，年少之时父亲去世，只能跟随母亲四处飘零，生活不乏艰难困苦。尔后经过科举仕进，由朝廷中的庶吉士做起，最后做了官属二品的礼部、吏部、兵部的三部尚书。当然，他曾亲历了明代官场的险恶，也懂得人间世故，虽然也会遇到诬蔑、陷害，甚至弹劾之类，但他都能安然度过，这其中不乏有人生智慧。甘泉一生不忘讲学，创办书院，招收门徒，传道授业、明理解惑。他勤于著述，善于思考，学术成果丰硕，思想博大精深，其中有经济的、政治的、礼法的、教育的、家规的、哲学的，等等，不愧为一代宗师，与同时代的王阳明堪称思想双峰。不唯如此，他的书院思想以及甘泉学派思想的形成及传承等，都值得人们去认真研究，以便从中汲取精华，为现代的社会建设、经济发展、精神文明、人格培养提供可以借鉴的理论资源。

甘泉学说继承白沙，白沙学说的基本特点是突出人的主体性以及人的本体地位。“天地我立，万化我出，而宇宙在我。”“我”非小我，也非私我，“我”是大我，也是天理。这个“我”是一种境界，也是一种胸怀，“我”是堂堂正正，直道而行，正义凛然，顶天立地。同时，也有一种理性认知，“我”不囿于一己之私，不拘于陈说陋习，也不屈于世俗权威。“我”的特点在“知疑”，“学贵知疑”。学是觉悟，疑是批判。只有思考批判，才能有所觉悟，也才会有进步，小疑小进步，大疑大进步，不疑不进步。白沙主张“静坐”，因为“静坐”，“久之，然后见吾此心之体隐然呈露，常若有物”。即“静坐”能体悟到“心”之本体的存在。平时人们可能会因为外在事物的缠绕，生活的繁忙，忘记了对自我的反省，忘记了“吾日三省吾身”。而只有在“静”下来的时候才会去思考什么是有意义的，什么是无意义的，什么是值得的，什么是不值得的。所以“静”是一种消极自由，一种不被世俗左右的自由，这实际就是意志自由、人格独立。和“主静”有关的是“自得”，所谓“自得者，不累于外物，不累于耳目，不累于造次颠沛，鸢飞鱼跃，其机在我”。“自得”说的是自主，不仅不被外物决定，而且又是自由自在，即“鸢飞鱼跃，其机在我”。因为“我”是主体。当然，白沙哲学中还有个“自然”范畴，“自然”源自道家，白沙引用了，并把它作为自己哲学的基本范畴，同时赋予了“心学”的意义。“自然”是“道”，“自然之乐，乃真乐也。宇宙间复有何事”。人生真正的“乐”是对“道”的“乐”，对于“道”的“乐”就是“自然之乐”，有了这种“乐”，其他的乐也就不算什么了。白沙处世大气，为人狂放，常思“我大而物小”，物之小者不足以夺取我之大者。作为儒者，他的自由绝对不是肆无忌惮、放荡不羁，而是“从心所欲而不逾矩”，是在自由洒落中对于义理的坚守，“义理须到溶液处，操存须到洒落处”。

甘泉学说不同白沙学说，白沙主静，甘泉主敬，甘泉说：“善学者，必令动静一于敬，敬立而动静浑矣。此合内外之道也。”什么是内外之道，内是道德理性，外是道德实践，道德理性很好地落实在道德实践中就是合内外之道。如果说“静”是一种消极自由，是不累于物，那么，“敬”就是一种积极自由，它要求儒者对于道德律令的真诚遵守，即先哲说的“执事敬”。实际上，这就是甘泉所理解的“自得”。在他看来，人能“执事敬”，就能有“自得”。他说：“若仆之愚见，则于圣贤常格内寻下手，庶有自得处。”“常格内寻下手”就是“体认天理”，“随处体认天理”是甘泉的发明，白沙给予了充分肯定：“日用间随处体认天理，著此一鞭，何患不得到古人佳处也。”甘泉解释：“吾之所谓随处云者，随心、随意、随身、随家、随国、随天下、随其所寂所感时耳，一耳。寂则廓然大公，感则物来顺应，所寂所感不同，而皆不离于吾心中正之本体。”就是在任何时候、任何情况下都要自觉体认“天理”的存在，并把它贯彻下去。不论是动，还是静，是感，还是寂，都不要忘记“天理”。寂静之时的“廓然大公”和动感之时的“物来顺应”，都是对于“天理”的自觉。所以，在“体认天理”的过程中，既有“心”，也有“物”；既有“知”，也有“行”。故“体认天理者，兼知行、合内外言之也。”“体认天理”包含了知行合一、表里如一和言行一致。它是一种工夫，工夫熟后，即是“自然”。所谓“自然”者，不见人为，不假人力，“不勉而中，不思而得”，自然而然，毫无造作，它是一种修养，也是一种境界。

甘泉不同于阳明，尽管他们是好朋友，也都属于心学一系。但他们都不苟且于对真理的探索和坚持，在具体的学术观点上他们有分歧。甘泉讲“心无所不包”和“心无所不贯”。阳明讲“心外无物”和“心外无理”。“心无所不包”说的是“心”包含了万物的存在，形上之“心”是万物的价值之源，“心无所不贯”说的是形上之“心”贯穿于万事万物中，当然也贯穿在人的言行当中。阳明讲“心外无物”突出了形上之“心”的价值之源，强调的是“致良知”，同时，在价值存在上否认了“物”的独立自在性，故后来的王学禅化在这里就埋下了伏笔。日本学者冈田武彦对甘泉的评价也许能说明问题：“湛甘泉豪迈峻敏，虽在力量上不如使其学风靡一代的阳明，但却比阳明资格稍老。他始终以体认之学为宗，其学与王学相互出入。阳明死后，湛甘泉又保持三十余年的长寿，在纠正当时朱子学亚流之弊的同时，又致力于救正王学亚流的猖狂之弊。”应该说，这个评价比较公允。

除了哲学之外，甘泉还有教育、礼法、政治，乃至经济思想等。甘泉重视教育，据史料记载：他建的书院（包括帮他建书院者）就有35所，其中广东地区有22所，如在西樵山建云谷书院、大科书院，在增城建龙潭书院、独冈书院、莲洞书院，在罗浮山建甘泉精舍、天华精舍，在白云山建白云书院，在广州建天关书院等。他的弟子接近4000人。陈裕荣编著的《湛甘泉门生弟子考录》一书记载有名有姓的弟子就达649位。明末清初的黄宗羲，在师承上就属甘泉的四传，即甘泉传唐枢，唐枢传许孚远，许孚远传刘宗周，刘宗周传黄宗羲。在教育中，甘泉重视人格培养和实践教学，他说：“君子之学也，犹之锻金也，不炉不锤则金不精。事也者，学之炉锤也，不历事则仁不熟。不熟，仁之弃也。夫仁也者，贵熟之。”人的品质不仅是学来的，更重要的是锻炼出来的，这锻炼就是在事上磨，事上磨就是社会实践。

甘泉关注礼教，不论是在书院的训规中，还是自己的家训中，都讲到许多有关礼规的内容，同时也非常重视这方面的训练。这其中就包括日常生活中的洒扫应对、爱亲敬长、隆师亲友等。这些都是做人的基本礼节。如《大科训规》说：“诸生相处，务守长幼之节。”“诸生相聚，不可自是自高，无长幼之序，虚心相下，非但礼所当然，亦且受益。”说的是弟子之间的相互尊重。《家训》讲：“凡父母在，兄弟不得各爨。每晨与兄弟同造父母之所，问夜寝安否，食能美否。父母问诸子过失否，过失安在，各前跪对。”其中所说应该以家庭的统一为重，子女要向父母问候请安，父母要问子女做事有无过错。另外，对于传统的吉礼、凶礼、军礼、宾礼和嘉礼，以及乐、射、御中有关礼的问题也都有论述。

在政治经济方面，他承续中国的德治传统，主张以德治国，强调对于“国之理”的认知。他说：治国首先要认识“国之理”，“《大学·治国章》以孝、弟、慈，以心，以仁让，以恕言之，吾心感应乎国之理也，是故事君使臣也、立教兴化也、事长慈幼也、使众临民也、正朝廷也、正百官也、正万民也，皆国之事理也。”这说明治国不能离开德的要求，礼法固然重要，但德更为基本，礼法应该建立在德的基础之上。在经济上，他重视农桑，强调民事的重要性，“事神者，敬天是也。治民者，农桑是也。……农桑之务，乃衣食之源，民事之最急者也。”

总之，甘泉思想中蕴含着丰富的宝藏，需要人们去挖掘、研究和传扬。广东省岭南心学研究会近年来主持并完成了国家古籍整理出版资助项目《湛若水全集》（约400万字）的点校，同时组织《心学大师湛若水丛书》课题，经广东省社科联积极向中共广东省委宣传部申报广东省“理论粤军”项目，课题获得批准。广州出版社对《心学大师湛若水丛书》的出版高度重视，列入重点项目出版计划，精心组织出版。我们在整理甘泉思想资料的基础上，推出这套丛书，目的是从不同维度去揭示其思想内涵，呈现其历史意蕴，发现其所潜含的现代价值。希望丛书能够对读者全方位地了解湛若水有所裨益。

广东省岭南心学研究会

2018年6月

目　录

引　言

湛若水是明代著名的政治家、思想家和哲学家。他经历了家道败落、身世飘零的童年时代，经历了求学坎坷、发愤不已的青少年时代，经历了仕途亨通、学问有成的壮老年时代。

在哲学上，湛若水经过良师陈白沙的悉心指点，经过与益友王阳明的相互切磋，并经过其自身的冥思苦索，创立了“宇宙一体”和“随处体认天理”的学说，成就了他作为一代心学大师的美誉。在思想上，他不像陈白沙那样惜墨如金，“只对青山不著书”，而是博览群书，注重对历代思想理论的提炼与总结，写下了《春秋正传》、《二礼经传测》、《格物通》、《泉翁大全》等巨著，可谓著作等身。在学术上，他一方面继承了陈白沙“学贵知疑”的学术精神，主张“学贵疑，疑斯辨，辨斯得”，反对盲从，因而成就了他自成一家的学术特色；另一方面又注重对前人有益成果的继承，主张“不以人废言”、“不以成败论英雄”，只要是有价值的东西，即使是历史上有争议的人物提出的，也应积极地采纳与继承，因而成就了他学术上的博大。

在湛若水的学术思想中，民生思想占据了重要的位置。童年和青少年时期的坎坷遭遇，使他对民生问题有着独特的感受。为官之后，他先利用自己在翰林院、国子监、礼部等与学术有关的部门任职的机会，积极探索民生话题，为统治者解决民生问题献计献策，他又利用自己任兵部尚书期间协管京城民生事务的机会，实行一系列惠民济众政策。退居故里后，他通过建义仓、颁乡约、立家训等形式，调动家族、乡村组织的力量来解决乡村弱势群体的生产和生活问题。同时，他提出“王者之政弛，而后义士彰”的思想，也就是说在政府缺位或失灵的情况下，鼓励个人投身社会公益事业，而且他自己就是一位社会公益事业的热心人士。

湛若水的民生思想，反映在他的《格物通》和《参赞事略》中，《格物通》总结了从夏朝到明代数千年间“劝课”、“修虞衡”、“饬百工”、“屯田”、“省国费”、“蠲租”、“薄敛”、“恤穷”、“赈济”等与民生有关的思想言论，《参赞事略》一书汇聚了他在任南京兵部尚书参赞机务期间在改善民生、整顿陋习等方面所提出的重要主张和所采取的重要举措。

党的十九大强调必须将增进民生福祉作为发展的根本目的，保障群众基本生活，不断满足人民日益增长的美好生活需要。湛若水的民生思想虽然诞生于封建土壤中，但其中不少观点对于我们认识民生、改善民生具有一定的启发价值，值得我们去深入发掘与系统总结，并值得我们去批判继承与创造转化。

第一章 好生行义，湛氏家风

湛若水之所以对民生问题高度关注，与他受“好生行义”家风的熏陶有关。高祖有“好生之德”，行保民之义；祖父母勤慧致富，行惠济之义；父亲好打抱不平，行侠士之义；母亲节俭、乐善好施，行公益之义。这种世代相传的“好生行义”家风，对湛若水的心灵产生了深刻的影响。

一、生命至上，保障一方

在湛若水的心目中，高祖湛怀德是一位有胆识，有责任感，秉承生命至上的理念，自觉担负起保障一方之责的义士和乱世英雄。

（一）结盟卫乡，爱惜民命

湛若水出生于明代广东增城县甘泉都沙贝村，湛家世代当官，是当地有名的官宦人家。

六世祖湛露本是福建莆田人，元朝大德年间任广东道德庆路总管府的治中一职，并在增城沙贝村安家落户，娶妻生子。元朝将大的郡称为路，路设总管府，府中设有达鲁花赤、总管、同知、治中、府判等官职。根据元代学者马端临《文献通考·职官考》的解释，治中的职责是“居中治事，主众曹文书”，也就是管理行政的文书档案。治中为正官，官衔七品。

五世祖湛晚丁，曾任县主簿。元代“主簿”一职，官衔八品，虽位居县正官之末，却具有参与管理一县之政的权力。元代学者朱晞颜在《瓢泉吟稿·送归安县丞沙德润序》中就指出，凡狱讼赋役、簿书期会、文牒所移，都要先由主簿阅办后再送达上级，依次呈送丞、令、监等官。

不过，上两位先人的官职不显，没有留下可让后人铭记的政绩。而能在历史上留下声名的，莫过于湛若水的高祖湛怀德。

湛怀德，字志高，生于元末，时逢乱世，群雄割据，社会动荡，盗匪猖獗。以渔耕为生的增城沙贝村，南临东江，当地的渔船、农艇和过往的货船，经常受到游走于江中的盗匪抢掠；北背南香山，不时被盘踞在山中的盗贼打家劫舍。秉性刚毅的湛怀德，眼见盗匪横行，乡里遭殃，便召集村中一帮身壮力健又有义气的村民，练兵习武，共保村乡。当时沙贝村人丁稀少，势单力薄，他便联合东江沿岸的麦、谢、莫、罗等姓氏的村民结成民间乡兵联盟，以“保障一方”为使命。他因义勇过人而被众人推为领袖（即盟主），当地人还称他为“保障公”。有了这支民间护卫队，结盟之村能够在乱离之时各得完保，当地百姓得以过上安居乐业的生活。

据吕柟在《樵林湛公配夫人梁氏神道碑文》中所载，按照元朝法令规定：“凡为保障一乡头目者，遥授以元帅，得专生杀。”湛怀德因拥有一支民间护卫队，而被元朝视为“保障头目”，授予了“元帅”之号，得专“诛赏”之权。据明代张文海所撰的《增城县志·湛怀德传》记载，元朝法令规定，盗窃财物者抵以死罪。湛怀德领导的护卫队中有个部卒，偷了白屋头的塘鱼，被人捕获押送到他那里，按例应处死。湛怀德不想就这么草率地剥夺他的生命，于是就让他先回家辞别父母妻子，然后回来就刑。这位部卒果然如期归来，湛怀德为他的诚实守信所打动，便对他说：“断者难续，死者难生，池鱼微物也，忍人之死，而爱此鱼，仁人不为也。”于是教训一番后，便免了他死罪。

湛怀德在拜访邻村头目“戴元帅”时，正巧碰见这位“戴元帅”准备处死几个偷盗罪囚，他顿生恻隐之心，于是就对该头目说：“吾乡无可杀之罪，无以示威，愿乞此数囚，杀之吾乡，以惩不恪。”而他将这几个罪囚带回本村时，也将他们秘密释放了。

湛怀德之所以不将盗窃者处死，而是经过一番教育后予以释放，在于他秉持了“生命至上”的理念。当然，也有人质疑说：“民有犯法者如盗鱼之罪，虽未当死，及他部所犯，皆权其轻重之，乃能惩创奸慝，以靖乱祸。兹则一切纵之，虽足以市姑息之恩，而实乖平明之法。”意即湛怀德不应对犯罪者进行宽大处理，因为法律的权威高于对生命的仁慈，只有让犯罪者得到应有的惩罚，才能体现出公平与透明。而《增城县志》的作者张文海则引曾子“上失其道，民散久矣”的观点为湛怀德的宽容行为辩护。他说：“方元季之贼蜂起杀人，苟有悯人之乱而欲拯其死命者复不之取，则夫嗜杀不厌者将取之耶？甚哉！湛公之阴德不可泯也！”即是说，湛怀德做法的可取之处在于：处在一个把人逼做盗贼而且杀人风行的乱世，能够爱护生命、不乱杀人，比起机械执法、罔顾生命，更加可取，更值得提倡。

（二）举兵促统，刀下留人

洪武元年（1368年），明太祖命廖永忠、朱亮祖统大兵入粤，要统一两广。廖永忠至福州，便写信给在广东拥有重兵且颇具民望的何真，命他归顺明朝。据明代张二果、曾起莘合撰的《东莞县志·艺文志》中记载：何真得信后，知元朝大势已去，便给廖永忠回信，申明自己为“救生灵”而愿意归顺。而湛怀德也相信，天下的统一，有利于百姓安居乐业。于是他随何真归顺明朝，想过上安稳的平民生活。但明廷为保地方安定，仍让他统甘泉、清湖、绥宁三都乡兵，以维护地方治安。

洪武十四年（1381年），东莞中堂湛翠村的村民苏友兴举兵叛乱，在东江下游的增城、东莞两县骚动，湛怀德的家乡也有不少人加入。南雄侯赵庸奉命征讨时，海道出师不利，战舰被叛军攻逼，几陷绝境。湛怀德乃仗义起兵，率500多名乡兵组成敢死队赴海力救，官兵始获解困，并最终将叛乱平息。得胜的官兵正准备对增南三都参与叛乱的乡民实施缉捕，重者处死，轻者充军。湛怀德、陈仲光两人挺身而出，亲赴总兵行辕，极力为盲目参与叛乱的乡民说情保救，使得甘泉都的乡民独得幸免，湛怀德也因此更受乡民的爱戴。他死后，被朝廷旌表为“护国保境义士”，敕建“义士祠”。湛若水弟子洪垣所撰《明护国保境义士湛公祠记》和王阳明后学杨起元所撰《明义士湛怀德墓表》，都高度赞赏湛怀德的义士风范。

（三）高祖义举，引以为豪

湛若水身为湛怀德的后代，也高度敬仰其功德。正德十年（1515年），他回乡葬母告老时，为了消除他做官后家乡的异姓父老子弟对他的家族子弟所生的嫌隙和妒忌，特作《乡誓》一文，指出："仰惟我高祖府君，当元之乱，保障于方土，活人弗罹于杀，于尔乡里有德，率义助顺，功闻于朝，以免及于尔一方降军，惟于乡里有德。"他希望家乡的父老子弟能看在他高祖当年对乡民有恩德的份上，消除隔阂，和睦相处。嘉靖二十年（1541年），他又作《谢洪觉山侍御安祀先祖义士祠神牌》，称先祖"生于乱世，著有微劳，保障一方，活全万命。愤援兵五百，而皇师之势，将溃而复张，致甘泉全都于降民之军赖功而独免"。足见，湛若水对身为一介武夫，却能挺身而出、保境安民、义字当头的高祖，怀有崇高的敬意。

而高祖爱护生命的人本意识和勇于担当的精神，也深深地影响着湛若水，使他能在为学为官的人生旅程中，注重生命的保护，特别是关注社会弱势群体的生存需要。所以，明代学者霍韬在《赠尚书湛公神道碑》中指出，湛氏家族中之所以能出现"躬备周德"的樵林先生和"名儒"甘泉子，"其渊源所自，岂偶然哉？"这就是说，湛若水能成为一代名儒，乃是秉持了其高祖"好生行义"精神的结果。

二、苦心经营，富家惠困

湛若水的祖上还有一对让世人难以忘怀的先人，就是他的祖父母，他们在"农"字上做文章，通过苦心经营，营造了一个殷实之家，同时也惠及周围贫困的乡亲。

（一）祖父农隐，耕桑行家

高祖湛怀德生曾祖湛汪，字果成。湛汪生祖父湛江。据明代学者丘濬的《樵林记》记载：湛江，字宗远，别业在上游，以山而居，以樵采为业，因以"樵林"为号。孝悌力田，可谓"隐君逸民"！所谓"别业"，是指在本宅之外的风景优美之地构建供游憩的园林房舍。不过，丘濬指出，湛江之于

“樵”，只是“取适”，即寻求适意而已，其意并不在“薪”上，不必执柯以伐木、荷担以负薪，然后谓之“樵”。这完全是将湛江视为一位单纯追求闲适生活，无须登山采樵的隐者。或者说，湛江是一位闲适的隐者，而不是一位采樵的劳动者。他还将湛江的采樵生活视同伊尹之“穷耕”、姜太公之“坐渔”、百里奚之“为人牧牛”，只当作一种“快心顺意”之事。

伊尹是夏末商初人，姓伊名挚。《孟子·万章上》说他“耕于有莘之野，而乐尧舜之道”。也就是说，他虽身在乡下穷耕，但心怀远大理想，喜欢尧舜治国之道。后来，他辅助商汤灭夏而建商朝，他也被商汤封官为“尹”，相当于宰相，故得伊尹之名。

姜太公是商末周初人，字子牙，也称吕尚。年轻时家境穷困，被迫在今属河南的朝歌屠牛、孟津卖酒。因避商纣之乱，隐居于东海之滨。在他已到古稀之年时，闻周文王（西伯）在西歧崇贤尚老，乃千里跋涉，迁至陕西，在渭水之滨坐着垂钓。周文王出猎时与他相遇，赞赏他所谈的治国安邦之策，乃同载而归，并立他为“太师”。他又被武王封为国师，辅佐武王灭商纣而立周朝。

百里奚是春秋时楚国宛（今河南南阳）人，字子明。早年家境贫困，后在妻子杜氏支持下出游列国求仕，终于在好友蹇叔的举荐下做了虞国的大夫。晋国灭掉虞国后，他因拒绝在晋国做官而被充作陪嫁之臣，后逃回楚国给人放牛。秦穆公闻其贤，派人以五张黑公羊皮将他换回，拜为上大夫，故世人称之为“五羖大夫”。

不过，邱濬将湛江的采樵生活与伊尹的“穷耕”、姜太公的“坐渔”、百里奚的“为人牧牛”相比并不是很恰当，因为这三个人后来都成了中国历史上杰出的政治家，而湛江并没有从采樵生活转向官场政治一途，而是在农业经营上下足了功夫。

张文海在《增城县志·湛江传》中就指出：“公时或樵于林，以游其志，然以耕桑为业，非专意于樵也，托樵以寓兴耳。”即是说，湛江虽有樵隐的情趣，但并没有放弃劳动，而是以耕田种桑为职业。《增城沙堤湛氏族谱·樵林公传》也说他“结庐上游庄，力田于冈麓，艺桑于围山，凿沼（即池塘）育鱼，以供其母”。可见，耕田、养鱼、种桑，才是他的正业。

据吕柟的《樵林湛公配夫人梁氏神道碑文》记载：湛江在生产经营方面有着很高的天赋，他通过苦心钻研，掌握了一套独特的种桑技术："先春则肥桑，桑独沃若，蚕茧异他人箔。"即是说，早春时节就给桑树施肥（如以塘泥为肥料），这样桑叶就长得特别肥硕润泽，蚕吃了，结出的蚕茧，比他人用蚕箔（亦称蚕帘）饲养的要好。这样的养殖技巧，岂是一般的隐者所能比拟的？

（二）祖母贤惠，独创盆缫

湛若水的祖母梁氏以德行贤惠、善于持家见称。关于梁氏的德行，吕柟在《樵林湛公配夫人梁氏神道碑文》中说道："梁淑人祇若先生，惟德之从，言不出口，笑不至矧。归湛氏时，妯娌五人，独得爱于姑媪。虽在严肃之下，敷被宽假其慈，仆妾无弗心悦。若乃纯诚敦悫，实根性成。"即是说，祖母梁氏敬顺丈夫，秉持"四德"（即妇德、妇言、妇容、妇功），孝敬婆婆，善待仆妾（即丈夫之妾），秉性纯诚，为人厚道。

吕柟在该碑文中提到"鲍妻提瓮，歜母绩纺"，并将湛若水祖母的妇德与古鲁歜母、汉鲍妻相媲美。

鲍妻是指东汉贫士鲍宣之妻桓少君。《后汉书·列女传》记载：鲍宣曾就学于少君的父亲，父亲赞赏鲍宣的清苦之节，就把女儿嫁给他，陪嫁的物品很丰盛。鲍宣见了并不喜欢，就对妻子说："少君生富骄，习美饰，而吾实贫贱，不敢当礼。"妻子回答说："大人（即父亲）以先生修德守约，故使贱妾侍执巾栉（即嫁与你为妻）。既奉承君子，唯命是从。"鲍宣笑着说："能如是，是吾志也。"于是少君把华丽服饰留在娘家，改穿短布衣裳，和鲍宣一起拉着鹿车回归乡里，拜见婆母礼毕，就提着水瓮去汲水，修行妇道，乡邦称道。鲍宣后来也成了一代名臣。

歜母是指春秋时期鲁国大夫公父穆伯之妻、公父文伯（名歜）之母、季孙（即季康子）之从叔祖母，名戴己，号敬姜。据《国语·鲁语下》记载：公父文伯退朝后，去晋见母亲时，发现母亲正在纺麻。文伯抱怨说："以歜之家而主犹绩，惧干季孙之怒也。其以歜为不能事主乎！"意思是说，以我这样的家庭，母亲还要纺麻，这恐怕让季孙恼怒，以为我不能孝敬母亲呢！

母亲听了儿子的这番话，认为这是“要亡鲁”之言。她告诉儿子“劳”的重要性，认为“民劳则思，思则善心生；逸则淫，淫则忘善，忘善则恶心生”，主张“君子劳心，小人劳力”。她也对季孙说：“君子能劳，后世有继。”意即君子能勤劳做事，他的子孙就会兴旺发达。

不过，在吕柟的心目中，梁氏不是一般的农妇，而是一位懂技术、善经营的女强人。他在《樵林湛公配夫人梁氏神道碑文》中特地引用梁氏常说的一句话：“我蚕则匀，我缫则纯，（我）殖则珍，而以被我后昆。”意思是说，我养的蚕大小均匀，我煮茧抽出的蚕丝精好洁白，我所经营的蚕丝品精美贵重，我要以此造福我的子孙后代。这充分地展示了梁氏作为一位女强人在养蚕抽丝技能方面的自信心以及为子孙后代着想的责任感。所以，在皇帝加赠梁氏“夫人”封号的诰文中，称赞她“力丝茧以兴乃家，克勤俭以裕于后”。

（三）经营有方，发家惠乡

湛若水的祖父母以经营农业为生，通过“俯仰食力”，使全家过上了衣食无忧的生活。不过，夫妻俩所走的不是自给自足的营生之路，而是将农业经营与市场对接，从而走上了发家致富的道路。在生产经营方面，湛若水的祖父母有着相对明确的分工，祖父负责耕田与种桑，祖母负责养蚕与缫丝。

耕田收获的谷物，除了用于解决一家人的吃饭问题外，更重要的是用于向贫困村民借贷，以获取一部分利息。据吕柟的《樵林湛公配夫人梁氏神道碑文》记载，湛若水祖父经营谷物借贷的做法是“当年饥则出谷，熟则入谷，转殖小息，以若民利，积自然之饶”。即是说，遇到饥荒之年，他就将谷物赊出，等谷子成熟时再收回来，既从中赚取少量利息，也给借谷之民带来好处，从而使家里慢慢殷实起来。为了扩大谷物的种植规模，祖父便“耕谷以贸田廓业”，也就是通过购买田园来拓展谷物的种植面积，以壮大产业，获取更多的收入。

用缫丝收获的丝制成的丝织品，主要是在市场上销售。湛若水祖母又创造了一套独特的缫丝技术。她“善治种盆缫，以为缣帛绝绸，坚致不纰，抱市必增值”。所谓盆缫，就是将蚕茧放进注了清水的釜中去煮。采取这种方式收获的丝，做出的丝织品坚实细密而不松散，拿到市场上能够卖出个好价钱。

张文海撰的《增城县志·湛江传》记载："时豪富操其利权，乘民之困，称贷勒取倍息。樵林公不然，年饥出谷以贷民，约以年丰入谷，而薄敛其息，如是率以为常。故公虽有小益，而民则蒙大惠，豪户无所牟利。"原来，湛若水祖父虽然经营谷物借贷生意也是为了赚钱，但所赚的钱都是小利。他介入谷物借贷市场还有一个重要目的，就是要对抗那些利用行业垄断来抬高借贷筹码以获取高额利息的豪富，以减轻贫困借贷者的经济负担，这于人于已都有好处。据吕柟的《樵林湛公配夫人梁氏神道碑文》记载：湛若水的祖母也秉持"厚值而薄取，屈己以益人"的经商理念，她曾指出："夫产也，将传子孙，当使困者与我皆利，岂可乘机以专多乎？"无论是经营贷谷生意，还是经营丝帛生意，都不能只追求自身的利益而不顾及贫困购买者的利益，必须让贫困购买者与我方都能从中获得利益，也就是要实现双赢。

湛若水的祖父母不仅是一对精明能干的生意人，也是一对乐善好施的大好人。故在皇帝加赠祖父"资政大夫、南京礼部尚书"的诰文中，称他"行义感于闾里"；在《增城沙堤湛氏族谱·樵林公传》中，又称他"家有余财，即思以济人"。这里的"行义"，也就是"行善"，即对穷困者的救助，说明湛若水的祖父母在家乡是有口皆碑的大好人。而湛若水对祖母"行义"更有深切体会，他在《西庄霍公配封太淑人梁氏神道碑文》中称"梁善人，世积好施，饮食饥丐，棺敛死无于归之人，遇鬻鱼鳖，则市而纵之江"。对乞丐施舍饮食，对死于异乡者赠棺材收敛安葬，对动物进行放生，都反映了祖母的乐善好施精神。

（四）义利兼顾，方能长久

湛若水对他的祖父母也是敬仰有加。他在《述先德诗四十韵有序》中称赞祖父有"春至理农桑，蚕熟谷亦颖"的勤劳品质；称赞祖母"夫人自蚕缫，谷易丝绢并。以兹广土业，土直宁优剩（即加价买田）"的经营头脑。而这都体现了一个"利"字，但这样的利乃是祖父母勤劳智慧的结晶，是合乎义的。他还对祖父母赞叹道："孝友动里闾，行义太丘等。自兹重乡评，世业保终竟。”即是说，祖父母在家里孝顺父母，友爱兄弟；在乡里乐善好施，扶贫济困，因而获得乡亲的一致好评，也使家业世代相传、经久不衰。这又体现了湛若水祖父母“富而好义”的美德。所以，在湛若水的心目中，祖父母是一对善于经营、义利兼顾的好搭档。

三、家运沉浮，义心不改

湛若水的父亲具有侠义心肠，敢为弱势群体打抱不平；母亲特别同情贫困的乡亲，临终前叮嘱湛若水在家乡创办义仓以济贫惠乡。

（一）父亲仗义，含愤而终

据吕柟的《樵林湛公配夫人梁氏神道碑文》记载：湛江生了1个儿子，名瑛。生了3个女儿，长女嫁伍氏，次女嫁钟氏，为梁夫人所生；小女嫁郑氏，为侧室所生。湛瑛，字伯琛，号怡庵，幼时随其父居上游庄，长大后归沙堤大院。

据王阳明《赠翰林院编修湛公墓表》、霍韬《赠资政大夫南京礼部尚书湛公神道碑》，以及《嘉靖增城县志·湛瑛传》和《增城沙堤湛氏族谱·怡庵公传》等文献记载：湛瑛为人刚正不阿，操行严峻，刻行砥俗。与乡人交，重然诺，谨礼度，急于行义。若有人被陷害，则为之力救；有人斗殴，则为之解纷。故乡里善者尊重他，信服于他，以他为榜样，并倚他以扶弱，仗他以为安。同时，他不轻易假人以辞色，人有过错则予面斥，无所容贷。故乡里恶者忌惮他，嫉之如仇，聚谋必置他于恶地，想使他再也无法阻挡他们作恶。

湛瑛年轻时为里正，掌管乡里户口、赋役等事，见县主簿为私心而枉法虐民，乃正辞力抗，因而得罪了主簿，对他怀恨在心。恰巧同乡有位猾吏叫余忠，其子为盗，湛瑛将此事反映到官府，官府以盗窃罪将余忠之子捕杀。余忠对湛瑛愈加仇恨，便与主簿合谋诬告陷害他。湛瑛因此惹上官司并被捕入狱，不仅自己遭受牢狱之苦，还连累了家人。湛瑛出狱后，想到自己蒙不白之冤，想到自己在狱中不能尽养亲之责、育子之任，满腔愤懑无处发泄，不久就发病去世了。湛瑛死后，乡人悲之，如失怙恃。而狡狯之徒益发横行作恶，乡人皆说："湛公行义，顾报戾其施，而恶者自若，吾侪何以善为？"意即行侠仗义者受到惩罚，作恶多端者却逍遥法外，叫人如何行善！直到十余年后，这帮为奸贯盈者才被剪灭浸尽。

湛瑛的行义，既包括行侠仗义，维护弱者的利益；也包括乐善好施，周济贫者。所以，霍韬在《赠资政大夫南京礼部尚书湛公神道碑》中记载了皇帝赐给湛瑛的诰文，称赞湛瑛为"乐士周贫"。

（二）慈母之贤，堪比孟母

据顾鼎臣在《慈母传》中所载：湛若水的母亲陈氏是同邑甘泉都沙村陈斌的二女儿，15岁嫁到湛家，恭执妇道。丈夫湛瑛性格刚严，少能款曲，而她事之极为谨慎；公公之妾性格悍戾，与家人不协，而她独能得其欢心；闺门雍睦无间，姻党无不称道。陈氏性格沉静，不妄语笑，行走时必以扇自蔽。持家极为勤俭，平时黎明即起，二更才就寝，有事则三更始寝，习为常态。燕居的阃（内室）、湢（浴室）必时常洒扫；床几箧椟，覆藏非常谨慎，毋使沾染尘垢。丝麻针缕，必小心收叠；果蔬脯馐，必亲自区择，以上下其用，从未妄费。

陈氏嫁到湛家后，恰遇家道中衰，丈夫又早逝，就携湛若水和诸女寓居母家，粝餐菲衣，日夜切切以训子为事，并让湛若水到外地求学。湛若水虽已通过了乡荐，以母亲无人侍养，不忍离其左右，就不赴京城参加会试，赋闲在家13年，母亲乃遣他求学于陈白沙（名献章）先生。学成之后，母亲又对他说："汝受国家教养，可以我故不仕乎？可不及我未老见汝行志乎？"意即儿子受到国家教育培养之恩，可不能为了侍奉我就不去做官，不能在我终老之前看不到儿子追求自己的政治抱负。在母亲的强迫之下，湛若水乃起赴礼部会试，考中乙丑进士，封为翰林院庶吉士，授编修一职。

湛若水借着奉使宗藩之便，迎母至京师供养。因湛若水秩满推恩，湛母被封为"孺人"。湛若水虽已做翰林官，但湛母尤以"勤学砺行"为训，以激发他的上进心。湛母之"贤"，由此可见一斑。后来湛若水奉命册封安南国王，遂便道奉母归乡。回乡后，他便萌发了"弃官侍养于家"的念头。湛母再次强迫他与自己一起上京，并说“吾爱京师风土，甚适也”。湛母不戚戚以乡土为怀，实望儿子能在京城安心效忠报国以成令名。所以，顾鼎臣称赞湛母“代终之功，有大造于湛氏，尤不可泯也”，并认为湛母之贤堪比孟母。孟母是战国时期儒家学者孟子的母亲。孟子的母亲以所居近墓，三迁以就学宫，乃曰：“此真可以居子矣。”孟母的断织和三迁，终将孟子教育成为一代“命世大贤”。故后世称教子有方者，必曰孟母，历久而不衰。湛若水的成德成才，自然也离不开母亲的贤惠善教。

（三）荷塘义仓，济贫惠乡

据蒋冕的《明封太孺人陈氏墓志铭》所载：湛若水在京做官后，将其母迎养于京师。他将平日交际所获礼币（包括为其母祝寿的礼金）与俸禄收入都交给母亲保管。除了必要的家庭开支外，湛母将剩余的钱都慢慢地积攒起来了。湛母病革临终时，给湛若水留下遗命，要他将所积攒的钱换为谷物，粜谷700石，在增城县甘泉都荷塘边（即她去世后所葬的坟边）修筑一间义仓，以赈济甘泉、清湖二都那些贫而无种本者。甘泉是她的本都，而清湖乃是她所居的近里。湛母的遗愿是要让义仓不仅能惠及本都，还要惠及乡邻，足见湛母心胸之宽广。因此，荷塘义仓实为湛若水奉母亲之命所建。

又据董玘的《荷塘义仓记》所载：为了保障义仓济贫工作的公平公正公开，湛若水特制定了专门的条约，请里中二位有“雅行”的长者主管此事，而湛氏家人不得从中牟利。义仓的运作模式是“时耕以贷，时刈以敛。贷以户为率而籍其数，敛以斛加耗而捐其息。滥冒有稽，惰废有罚”。即是说，耕种季节就将谷物贷出去，收获季节就将谷物收回来。贷以户为单位，以登记其要贷的数额；敛以斛为单位，外加谷物的损耗，以捐纳应付的利息。对于滥冒（胡乱冒充）者要加以核查，对于惰废（贷而不还）者要加以惩罚。为了使这项事业经久不坠，湛家还嘱咐董玘将荷塘义仓之事刻于石上，以示来者。

董玘追溯了义仓的发展历程，以显示湛母所建义仓的可贵。他分析指出：近世所谓的义仓，皆公家之储，且设在州、县，而不及于乡。朱熹曾对此有所诟病，“始仿古法作社仓于崇安，人以为便。然其粟假之有司（官府），上说下教，经数年而始成”。吕祖谦曾欲嘱乡人士大夫相与纠合而行之，不再烦于有司，但终未成功。其后祖谦门人潘叔度出“家廪”（自家廪粮）行之于婺州，仍不免招人质疑，说明行“义”如此之难。而湛母作为一位足不出户的妇人女子，却能在生命垂没之时向儿子发出创建义仓的遗命，以对乡人施以恩德，做出连男人都无法胜任的事，足见湛母之“贤”！

董玘又批评州县所藏的粮食不能及时发放，迫使贫民争相向闾里的豪雄借贷，而这些豪雄“坐操利权，岁取倍称之息”。他认为，假使一乡之间力能为者，皆如湛母之为，则其法虽不必出于上，而亦岂非“王政之助”？他希望湛若水能够利用“以儒向用”的机会，将来“推太孺人之志，以广朱、吕之泽”，将“义仓”精神推展开来，不独使“都里之近”得其所济，更应推及更远的地方，让更多的穷困者得到实惠。该义仓之所以不曰“社”而曰“义”，就是要将自己的“有余”奉献给邻里乡党，体现了孔子所谓的“义”。

（四）父母恩义，铭记在心

孩提时代的湛若水，也曾得到祖父母的疼爱和父母的呵护。在其幼小的心灵中，也朦胧地感受到父亲仗义的豪侠气概，也曾目睹了父亲为黑恶势力所排挤而蒙受的不白之冤，也曾经受11岁丧父之痛的沉重打击。他也曾感受到慈母的丧夫之痛，也曾体会到寡母将子女拉扯长大成人成才的不容易，感受到母亲倡创义仓的博大胸怀和崇高美德。故他在《述先德诗四十韵有序》中指出：“显考曰怡庵，高才乃雄逞。直志靡款曲，正色奸回屏。强弱以弱强，高义畏乡井。损己忧人忧，人众天久定。好士屡济贫，乐友侠游聘。长洗荤血肠，日啜十饼茗。谥妣曰贤母，四十孀居整。贞智与慈俭，纯诚自天性。高人阳明子，碑表阐幽行。恨公不立朝，大节唾奸佞。水也寔不肖，承德数世永。每感尹母言，且免咸父订。”

“尹母”是指北宋理学家程颐弟子尹焞的母亲。《宋史·尹焞传》记载：尹焞，字彦明，一字德充。少师事程颐，曾应举业，发策有《诛元祐诸臣议》，尹焞觉得这一策论话题极为敏感，若违心应答，难道就是为了“干禄”吗？于是他不对而出，告诉程颐说：“焞不复应进士举矣。”程颐说：

“子有母在。”尹焞回去将此话告诉了母亲，其母回答说：“吾知汝以善养，不知汝以禄养。”尹焞于是终身不就举业。湛若水对尹母之言每有感触，本来也是想走尹焞不去仕进、专心侍养老母的行孝之路，却又迫于慈母的压力而携母进京为官，导致母亲客死他乡，觉得自己没有很好地尽到孝道。

“咸父”是指唐代文学家崔咸的父亲崔锐。《旧唐书·崔咸传》记载：崔锐曾佐李抱真为泽潞从事史，有位道人自称“卢老”，说自己曾为隋朝云际寺李先生做事，能知过往未来之事。当时河朔禁止游客，崔锐就将他馆之于家。有一天，这位道人忽然辞去，且说：“我死，当与君为子（意即我死后，会来投生做你的儿子）。”说罢，指着自己嘴下的一颗黑痣，表示愿以这颗黑痣作为标志。崔咸出生时，嘴下果有一颗黑痣，其形神也与“卢老”相近，父亲即以“卢老”字之。湛若水当然不希望这一投生转世的传说发生在自己与父亲身上，也就是说，他不希望别人投生变为父亲的儿子。因为他深爱自己的父亲，对父亲抑强扶弱、行侠仗义的精神深表敬意。他所希望的是今生做父子，来生还做父子。

第二章

为学为官，心系民生

湛若水的民生思想与其师陈白沙的思想有着一脉相承的关系，但又受到程朱理学的影响而构建了比较严密的民生理论体系。同时，他又曾任三部尚书，特别是在任兵部尚书期间，利用自己参与民生事务的管理与整治的机会，做了一些改善民生的工作，取得了一定的成效。退休后，又投入到家乡的民生建设之中，做了很多惠及乡民和学子的善事。

一、薪火相传，民瘼在胸

湛若水虽然上学较晚，但在童年时期也断断续续地接受了儒家经典的熏陶，对其中的民生思想有了初步的朦胧的认识。后来，经过陈白沙、章懋、庄昶、罗钦顺（号整庵）等良师益友的指点与切磋，奠定了其民生思想的理论基础。

（一）求学之路，漫长坎坷

湛若水有着非常坎坷的童年，他求学的道路也非常曲折。他7岁时，湛家因其父亲豪侠好义而与人结怨，母亲为避祸而带他离开增城，投居惠州府归善县冈下的先辈同知李应家，与其子同学3年，这是他非常规地接受教育的开端。但他们的藏身之地还是被怨家发现了，又被李应安置到西江赤树塘避祸，这一待又是5年。

“小学”是明代的初级学校，有社学、义学、私塾、家塾、蒙馆等多种形式，教学内容主要有识字和写字、读诗和背书、作对子和作文、粗读儒家经典（如《孝经》、四书）4个方面。其中社学主要由各级地方官吏兴办，但也有民间兴办的。义学、私塾、家塾、蒙馆都是民间兴办的。儿童一般8岁就可以入“小学”读书，但据湛若水门人洪垣在《湛甘泉先生墓志铭》中所载：湛若水因家庭遭遇多故，14岁始入“小学”。而在他14岁前的最大变故就是父亲的过早离世。至于他究竟是在哪种类型的“小学”读书，史料上没有明确的记载，但至少说明湛若水在“小学”里已接受了简单的儒家经典教育。

乡学在古代分为私立和官立两种形式。私立乡学又称为“乡校”。湛若水在《引年疏》中自陈“年十六而后入乡校”。洪垣在《湛甘泉先生墓志铭》中说湛若水“十六学为文”。即是说，湛若水16岁入乡校为童生，开始学为文。官立乡学分设在府、州、县，故有府学、州学、县学之称，但三者并非递升关系，只是招生范围有所不同。其中府学即府庠，童生赴府学考试而中者称为府庠生。湛若水在《引年疏》中又自陈“二十二而后入府庠”。即是说，湛若水22岁才考入府学。明代考入府学的学生，每人选学一种儒经，兼学礼、射、书、数等。在府学接受教育的学生，要参加年度考试。年度考试分岁考和科考两种形式，一年举行岁考，另一年则举行科考，两者交替进行。岁考决定学生的升降等级，科考选拔学生参加三年一次的科举乡试。湛若水27岁参加了秋闱乡试，考中了举人。会试是指将各省举人汇集到京城进行的朝廷考试。在会试中合格的考生，被称为“贡士”。湛若水28岁入京参加会试，可惜落第了。29岁时，他前往江门，从学于陈白沙先生。

明朝洪武元年在南京设国子学，洪武十五年（1382年）改为国子监，内设太学；永乐元年（1403年）又在北京设国子监，因此有南北两监。国子监与太学也可互称，经常用太学来指代国子监。国子监既是明朝的最高学府，也是掌管国家教育政策的机关。湛若水39岁时，奉母之命北上南京，入国子监。祭酒章懋课以“睟面盎背论”试诸生，深赞湛若水所作之文，留监读书，成为监生。监生学习的内容包括四书五经，兼习《性理大全》以及律令、书、数等。

湛若水40岁时，在京参加会试，廷试中二甲三名，赐进士，选翰林院庶吉士，由此步入了仕途。

（二）良师指点，民瘼在胸

在湛若水的求学历程中，有不少对他的学问和事业有帮助的良师益友。而在这些良师益友中有名有姓的首先是南京的庄昶。庄昶，号木斋，学者称定山先生，今江苏南京浦口区东门镇人。他很关心民众疾苦，曾在任翰林院检讨期间向明宪宗呈《培养圣德疏》，建议皇上在多地灾伤、民不聊生的情况下，停止元夕内廷张灯以恤民，但却受到了严厉惩罚，被贬到外地为官。后回南京任职时，他随即迎父母就养，并在父母重病期间，尽心侍候，从无怨言。父母去世后，他已无意仕进，在家过了20余年的处士生活。不过，他仍然牵挂着天下苍生，曾在《弘治三年秋七月喜雨有作》诗中提出“一拜甘霖一滴春，山中念念几斯民”，体现了他将民生疾苦时刻放在心上。庄昶与陈白沙私交深厚，且在哲学上也非常相近。他在《大梁书院记》中载道：陈白沙曾到定山与他论及“心学”，白沙称其说与弟子林光在清湖所得之论相近。故《四库全书总目提要》说他“与陈献章、罗伦等皆讲主静之学，开姚江之先”。他曾在《郑氏家藏古画图引》中说：“盖以心，则天地万物，总吾一体。”这似乎与湛若水的“宇宙一体”说相近。湛若水首次上京会试下第南归时，造谒庄昶于定山之庭。

而据熊学源、李宝中修纂的《增城县志》（第十三卷）记载：湛若水与庄昶论学，屡见奖许。后来，湛若水在《过江浦祭庄定山先生文》中称赞庄昶有“高山乔岳之望，冰清玉洁之姿，不折不屈之节，磊落不羁之才，特绝迈俗之文，精金千炼之诗，迥异无前之书，深造自得之学”。庄氏的为学为人风格，与陈白沙极为相似，也是湛若水本人所崇拜的人生格调。

湛若水在南京国子监读书期间，罗钦顺为国子监司业。罗钦顺在《整庵履历记》中称自己在任司业的两年间，所奖进之士如严嵩、湛若水等，后皆有名，为此他自喜没看错人，但又愧己学力未充，未能与湛若水痛加切磋。湛若水后来在《上罗整庵太宰书》中亦自称为罗氏门生，并指出：“念昔一游大学，瞻道范，聆高论于门下。嗣是苟污一第，不敢造次奉启，以渎执事者。丙、丁之岁，张湾之途，南北亦复相左。但此心未尝一日而忘企仰之怀也。”即是说，湛若水39岁在南京太学（国子监）读书时，就仰慕罗钦顺的道德风范，聆听罗钦顺的高论。40岁考上进士后，不敢造次去信，以示对罗钦顺的尊敬；42岁赴上都（今北京），经北方的张湾时，而罗钦顺奉亲归里（今江西泰和），两人一在北一在南，但湛若水仍不忘对罗钦顺的企仰之情。

罗钦顺在哲学上主张“气本论”，他在《困知记》（卷上）中指出：“盖通天地，亘古今，无非一气而已。气本一也，而一动一静，一往一来，一阖一辟，一升一降，循环无已。”后来湛若水也借助于“气本论”来解释人类生命间的息息相通性。罗氏早年喜好佛学，后来转信程朱理学，并指白沙之学为禅。但湛若水则在《寄罗整庵太宰书》中不以为然，并亮出自己的“随处体认天理”之说，但这一说法反而与程朱理学的“即物穷理”说相近。在其“随处体认天理”的命题下，就包含了对民生问题的关心。

而对湛若水的民生思想影响最大的是陈白沙。湛若水在首次会试落选后，就来到了江门，斋戒三日后向白沙求教。白沙对他说：“此学非全放下，终难凑泊。”意即如果不能将先前应对科考的学问全都放下，终将难以将心灵凝合到真正的学问上。于是，湛若水毅然烧掉了上京会试的“部檄”（即证明书），潜心理学。白沙向他授以《程子书》，且劝他学诗以应世。经过3年的学习，湛若水终于悟出了“随处体认天理”的理学宗旨。白沙甚是高兴，便在《与湛民泽》（第十一则）中提出“着此一鞭，不患不到圣贤佳处”。就在湛若水34岁时，白沙在《江门钓濑与湛民泽收管》诗中宣布要把衣钵传给湛若水，也就是要湛若水成为白沙心学的继承人。

陈白沙生活在宦官弄权、政治黑暗、民生凋敝、起义频起的明代中叶，他在《复江右藩宪诸公》中所提出的“无负于斯世斯民”的政治抱负中，就包含着民生主题。遗憾的是，他一生只在吏部文选司任过卑微而又短暂的实职，无法通过仕途来履行其改善民生的责任。但长期的民间处士生活，使他有机会通过亲近百姓、接触当地官员来了解民生，由此写下了不少涉及民生的诗文。

陈白沙诗文中的民生思想，表现了对关注民生、改善民生者的赞赏情怀和对漠视民生、侵害百姓权利者的批判态度。他在《复陶廉宪（二）》文中以《大学》中“民之所好好之，民之所恶恶之”之语为“得民之要道”，并将新会知县丁彦诚称为“得民”的模范官员。他在《丁知县庙记》中赞同丁彦诚所秉持的“守令之政在养民”的为政理念，赞赏丁彦诚以“切于救民”为先务，拒征均平税，反对横征虐民政策。他又在《与葛侍御》中以《尚书·大禹谟》中的“好生之德”、孟子的“推恩”和程颢（学者称其明道先生）的“切脉可以体仁”等思想为依据，赞赏那些爱惜生命、不嗜杀戮的人。而他在《大流垂玉》中又表达了对“何止天地清，万世无甲兵”的太平生活的向往。

而在陈白沙的诗文中更多的是对劳动人民遭受苦难的深切同情，对剥削阶级盘剥百姓的无情揭露。他在《悯雨，寄黄叔仁》中揭露课税给民众带来的痛楚，“科征不停差役多，岁岁江边民荷戈。旧债未填新债续，里中今有逃亡屋”；在《与李白洲宪副（三）》中将岭南地方寇盗越来越多归咎于“民已穷而征敛无已”；在《与刘方伯东山先生（四）》中指责贪官污吏侵渔百姓甚于盗贼，主张痛惩一二贪黩官员，确保“良法美意”的实行，以救民于水火之中。

湛若水是白沙衣钵的传承人，他在白沙去世后，做了《白沙集》九卷本的校订工作，又做了《白沙子古诗教解》、《白沙先生诗教解》的解诗工作。这意味着湛若水在整理、校订和解读白沙诗文的过程中，对白沙的民生思想有着比较全面而深刻的理解，也从中表达自己的民生思想。陈白沙曾为罗伦（号一峰）作《玉冕晴云》，诗中有“岂无泽物功，云覆在何时？怅望百谷春，广济苍生饥”之句。湛若水将此解读为：“玉冕山若要泽物，须有云来覆盖。罗伦虽有泽民之具，惜其不得其时，只能怅望此山能兴云雨、生百谷，以济苍生之饥。”在白沙和湛若水的眼中，罗伦是一位关心民瘼，因抗疏而落职的直臣。白沙又曾作《偶得寄东所（其二）》，诗中有“异体骨肉亲，有生皆我与”之句。湛若水将此解读为：“民吾同胞，虽在异体，其实骨肉之亲。而天地间凡万物有生者，皆我之与（即伙伴），即浑然与天地万物为一体之意。”因此，湛若水对白沙有关民生主题的诗歌的解读，反映了师徒之间在民生思想上的传承关系。湛若水还在《诗教外传》中摘录了一些白沙的民生思想，如《古蒙州学记》中的“仁，人心也。充是心也，足以保四海，不能充之，不足以保妻子，可不思乎？”这实际上也是湛若水民生思想的反映。

二、学问文章，探寻民生

湛若水曾在《白沙先生诗教解》（卷一）的原序中指出：“白沙先生无著作也，著作之意寓于诗也。是故道德之精，必于诗焉发之。天下后世得之，因是以传，是为教。”这也意味着陈白沙的民生思想主要反映在他的诗歌中。与其师不同的是，湛若水生平喜好著书立说，留下了不少涉及民生话题的论著，他的民生思想是他对儒释道民生思想兼容并包的结晶。

（一）儒家学说，滋润其心

湛若水从入学时起，就由浅入深地接受了儒学教育，儒家学说是他的民生思想的主要来源。

湛若水在其民生思想的学术探求中特别推崇《大学》。他在《古本大学测序》中指出，《大学》中的“明德亲民”是言“大体”，“止至善”是言“实功”。“至善”是言身心对于“家国天下之事物之理”达到“纯粹精”，即纯粹不杂之极致的境界，亦即“天理”的境界，而“天理”乃是“吾心中正”之本体、“明德亲民”之奥。他的《格物通》一书，则将《大学》中的格物与家、国、天下联系在一起。在该书《大序》中，他将“格物”释为“至其理”，即揭示事物的规律。他基于对“格物”的这一认识，提出“诚意、正心、修身、齐家、治国、平天下之事，无非格致之地”。而在该书的纲目中，“齐家格”涉及“恤孤幼”问题，“治国格”涉及“事长慈幼”、“使众临民”问题，“平天下格”涉及“修虞衡”、“抑浮末”、“饬百工”、“屯田”、“漕运”、“劝课”、“禁夺时”、“省国费”、“蠲租”、“薄敛”、“恤穷”、“赈济”问题。这些问题都与民生有直接或间接的关系，它们系统地反映出湛若水的民生思想。他在《大科书堂训》中指出：“吾儒学要有用，自综理家务，至于兵农、钱谷、水利、马政之类，无一不是性分内事，皆有至理，处处皆是格物工夫。以此涵养成就，他日用世，凿凿可行。”这意味着儒家的“格物穷理”必须与民生日用联系起来，才能真正发挥其经世致用的效果。

宋代理学也是湛若水构建民生思想体系的重要理论来源。

一是对胡瑗（世称安定先生）的“明体达用”之说的推崇。据黄宗羲的《宋元学案·安定学案》所载：胡瑗曾在教学实践中设“经义”和“治事”二斋，经义斋学习六经知识，治事斋研讨致用之学。弟子刘彝把胡瑗的这种教学模式称为“明体达用之学”。湛若水在《泰州胡安定先生祠堂记》中就指出，“士”阶层在“兵防、水利、农算之学”上，应有“安定治事斋之教”；在“五经、异论、文艺、理胜之学”上，应有“安定经义斋之教”。这也反映出湛若水在学术上追求“有体有用”、关乎民生与道德的学问。

二是对二程理学的推崇。他在《伊川唐录序》中指出：“吾师白沙夫子手授（二程）遗书于水曰：‘孔孟正脉也。’水受而读之二十余年矣。”即是说，他之所以推崇二程理学，得益于其师白沙的引导。他将二程理学的修养功夫称为“条贯之一而进为之次”的过程，即《二程遗书》（卷十八）中所说的“须是今日格一件，明日又格一件，积习既多，然后脱然自有贯通处”，从而获得对“天理”的认识。但他对陆九渊的“简易工夫”不甚认同，担心“后之学者，乐超逸而厌平易，好径捷而恶中道，崇象山而忽二程子之为至学”，为此他特意采程颢之语为《遵道录》。他还在《阳明先生墓志铭》中称自己与王阳明首次相遇于京师后，就“相与定交讲学”，而且两人一同推崇程氏的“仁者浑然与天地万物同体”之指。

三是对张载“民胞物与”之说的推崇。这在他的巨著《格物通》和《途中进申明学规疏》、《新安洪氏通谱表叙》等文章中都有记载。

（二）力排佛道，不废精粹

湛若水崇尚儒学，而对佛学和道家持排斥态度。他在《樵语·一本》中指出：佛老之学，尚鬼，主静，为“阴道”；圣贤之学，尚人，主动，执事敬，为“阳道”。他在《大科书堂训》中强调“仙（道教）、佛、庄（周）、列（御寇）诸书不可泛滥，以乱名教、坏心术、散精神”。他还对佛学和道家思想做了专门的批判。

对于佛学，他在《雍语·心性》中对蒋信提出的“佛氏能否达到像仁者那样与天地万物同体”的问题给予了否定的回答，认为佛氏欲去“根尘”，不能“一其身”，何能“一万物”。他又在《雍语·始终》中针对杨钦提出的“佛氏何以明心见性而不能亲民”的问题回答道：“佛氏其未尝知性矣。性也者，天地万物一体者也，岂有见性而自私者乎？”在《答欧阳崇一秋官》中，他还介绍了自己30岁时曾从事佛学而获得“快意”，而他后来之所以不取佛，非如世之群儒区区以“辟异端”为事，而是觉得佛学既无实，亦无实德实事，如谈空画饼。因此，他对王阳明门弟子中出现的“尊佛而卑圣”现象提出了批评，强调“心事合一”，“随时随事，何莫非心？心定则何动非静！随处体认，则端倪随现，何必静养？若见天理，则随处洒落，即是全放下，更无他求。”这实际上也是对其师白沙的“静中养出端倪”之说的一次修正，反映了他将追求“天理”与亲民济世的社会责任感相联系。

当然，湛若水并没有对佛教采取全盘否定的态度。他在《龙州修复观音堂记》中从道德的层面认同观音菩萨的“不杀生大慈悲”的精神，希望龙州太守崇信观音时，得其“大慈悲”精神而兴“好生”之心，得其“不杀”精神而兴“谨刑”之念。但他在宗教的层面上否定了菩萨“能加祸福于人”的说法，希望龙州太守“勿令民徼福于观音，而不获愿于守也；勿令民不免祸于其守，而往祷于神天也”。即是说，能给百姓带来幸福或祸害的不是观音菩萨而是太守，太守应该为百姓造福，而不应给百姓带来灾祸。

对于道家，湛若水著有《非老子》一书。他在该书的《序》中指出，《老子》一书非老子之言，亦非老子之作。因此，他对《老子》各章观点一一做了非难。他反对“五色令人目盲，五音令人耳聋，五味令人口爽，驰骋田猎令人心发狂，难得之货令人行妨”之说，认为“五色、五音、五味、田猎”是“理”之所有的，只要以“礼”节之，则不但不“害”人，反而还能“养”人。这就肯定了物质文明对于提高民生福祉的价值。也正是在这一意义上，他反对《老子》的“小国寡民”之说，认为“甘其食，美其服，安其居，乐其俗，邻国相望，鸡犬之声相闻，民至老死不相往来”的生活只能出现在“太古”时代。若生于今之世，有器具而不用，有舟舆而不乘，有甲兵而不陈，却要使社会返于“结绳而治”的太古时代，则是不识时、不识道，是乱天下。因此，他主张“随时者，道也”，也就是说，社会是进化的，随着时代的发展、文明的进步，人们的生活质量也必然会相应地提高，这才合乎“道”。

应该说，湛若水对《老子》中上述观点的批判是有其合理性的，对民生质量的提高是有助益的。但由于他将道家视为儒家的对立面，所以虽然他对《老子》中的某些民生观点在实质上是认同的，却又不得不在形式上予以否定。例如，他以“天之道，其犹张弓乎！高者抑之，下者举之，有余者损之，不足者补之。天之道，损有余而补不足；人之道则不然，损不足以奉有余”之说为“非”，但却认同“损上益下”的理念，这实际上认同了“损有余而补不足”的合理性，只不过他认为“损上益下”本出于圣人的“宇宙一体”之“仁”的“不能已”，无须“假张弓之喻”。他以“圣人常善救人，故无弃人，常善救物，故无弃物，是谓袭明”之说为“非”，却不认为“善救人物而无弃”有错，错在“谓之袭明”。他以“民之饥，以其上食税之多，是以饥。民之难治，以其上之有为，是以难治。民之轻死，以其上生之厚，是以轻死。夫惟无以生为者，是贤而贵生”之说为“非”。而他的解释是：圣王之治，主于民之有欲；老子之道，主于民之无欲。圣王有井地之制，而老氏无之，故至于多税；圣王有政教礼乐之设，而老氏无之，故至于难治；圣王有厚生之政，而老氏无之，故至于轻生。这就是说，按照儒家的理念，《老子》所说的“多税”、“难治”和“轻生”问题是不会出现的，倒是按《老子》的一套去做，才会导致这些问题的发生。

其实，湛若水有时也会引道入儒。他曾在写给王阳明的《九章赠别并序》中说：“圣人常无为，万物常往来。何名为无为？自然无安排。勿忘与勿助，此中有天机。……天地我一体，宇宙本同家。与君心已通，离别何怨嗟？”这既将道家的“自然”、“无为”与儒家的“心勿忘，勿助长”相融通，又以“天地一体”、“宇宙同家”来说明人与人之间心相印，气相通。而“天地一体”是儒家和道家都提倡的，也是湛若水用以作为关心民生、关心弱势群体的本体论基础。

三、身体力行，改善民生

湛若水入朝为官后，在翰林院和三部都不离对民生问题的思考。他在任礼部尚书期间，认真研习真德秀的《大学衍义》和丘濬的《大学衍义补》，领略到其中民生思想理论的精髓，又在《大学衍义补》的基础上讲民生话题，以填补丘氏之不足。而他在任兵部尚书期间，利用手里握有的改善民生的管理权限，在农工商、殡葬等领域进行大胆改革。结束仕途生活后，他将手头的积蓄和官员的资助投入到社会公益事业中，协助解决弱势群体的生活困境。

（一）在朝为官，改善民生

湛若水于弘治十八年（1505年）上北京考中进士，选为翰林院庶吉士，不久授翰林院编修。母亲病逝后在家守孝三年，嘉靖元年（1522年）回京复职，补翰林院编修。嘉靖二年（1523年）转任翰林院侍读，嘉靖三年（1524年）升任南京国子监祭酒。古代的翰林院是皇帝的秘书机构。庶吉士是翰林院的预备人员，一般是从殿试成绩优异的进士中选拔产生的，然后在庶常馆学习深造，期满考试合格者，授翰林院编修。翰林院编修主要职能是诰敕起草（即为皇帝或朝廷起草封官授爵的敕书）、史书纂修和经筵侍讲（即为皇帝讲解经籍）等。翰林院侍读学士掌管制诰、史册、文翰之事，以考议制度，详正文书，并备皇帝顾问。国子监是掌管国学政令的机构，祭酒是国子监的最高官员（相当于校长）。

自入官到任国子监祭酒，湛若水主要是在学术上初露头角。他作过《中者天下之大本论》、《学说》、《贵志论》、《学颜子之所学论》等文，特别是与王阳明一见定交后，共以倡明“圣学”（即“心学”）为事，还曾与王阳明、黄绾三人在京城相与订终身共学之盟。在家守母丧后，他到西樵山大科书院“讲学进修”，完成《古大学测》、《中庸测》、《白沙子古诗教解》，编录《樵语》、《新论》、《知新后语》。回朝后，他上《再论圣学疏》、《申明学规疏》，同修《武宗实录》，作《心性图说》、《节定燕射礼仪》、《雍语》、《格物通》等。他在《再论圣学疏》中以“圣学之大莫过于求仁，仁者以人物为一体”为依据，希望皇上“必以天下穷民，如疾痛在身，思所以惠育之”。他又在《申明学规疏》中以“民胞物与，痛痒相关”为依据，提出“视生徒以恤病苦”的主张。

具体言之，国子监内设祭酒、司业、亲教之师等职。若国子监生员有疾，则“令亲教先往问之，甚则祭酒、司业当临视之，轸其饮食，节其医药”。若生员不幸而死，则“亲临殓之，如例给具。若亲教不往，而祭酒闻知，亦当率先自往，以愧其心”，才不嫌于违道干誉。这是他以国子监祭酒的身份，对国子监生员的身体健康和日常生活所表现出来的高度关心。他在《乞上下一心同济圣治疏》中，批评皇上初政时不急亲儒学之臣，不闻正心之术，却渐为身边的人所蒙蔽，渺乎不知舟之安危。他乞求皇上察“同舟”之义，讲学以正心，亲礼大臣，听用科道百僚以辅理，戒谕左右亲幸之人，使勿坏事“凿舟”以自溺，则内外臣庶咸有“济于无涯之福”。他也意识到自己不是纠劾之官，但还是想以“学术”开导人主。

湛若水于嘉靖七年（1528年）升南京吏部右侍郎，嘉靖八年（1529年）转任北京礼部左侍郎，嘉靖十二年（1533年）升南京礼部尚书，进阶“资政大夫”，嘉靖十五年（1536年）转任南京吏部尚书。自隋唐以来，中国古代的中央行政机构分为吏、户、礼、刑、兵、工六部。明代六部直接对皇帝负责，是主管全国行政事务的最高机构。吏部是六部之首，负责全国官吏的任免、考课、升降、勋封、调动等事务。吏部尚书是吏部的最高长官，吏部右侍郎是吏部副长官之一，位列左侍郎之后，佐助尚书管理本部事务。礼部是分管朝廷中的礼仪、祭祀、宴餐、学校、科举和外事活动等重要事宜的职能部门。礼部尚书是礼部的最高长官，礼部左侍郎是礼部的副长官。湛若水在任南京吏部右侍郎时，向皇上进《圣学格物通表》、《格物通》，希望能够被皇上采用，以为治国平天下（包括解决民生问题）提供理论指导。在任北京礼部左侍郎时，完成《问疑录》、《新泉问辩录》、《学庸难语》、《古文小学》、《春秋正传》、《金台问答》等著作。他在任南京礼部尚书时，明世宗希望他“益励乃德，树乃勋，绍休前闻，以光本朝”。他在此位时，作《古易经传训测》、《新泉问辩续录》。在任南京吏部尚书时，向皇上进《二礼经传测》、《四书测》，出《洪子问疑录》等。

湛若水于嘉靖十八年（1539年）转任南京兵部尚书，奉敕参赞机务。南京兵部尚书一般挂“参赞机务”头衔，会同镇守太监和南京守备勋臣（即开国功臣的后人）共同管理南京的全部事务。兵部尚书参赞机务，同内外守备官一起“操练军马，抚恤人民，禁戢盗贼，振举庶务”，故其职视六部中其他五部而显特重。这也意味着这一职位拥有改善民生的权力。明世宗在《参赞敕谕》中对湛若水说："朕惟南京根本重地，而机务重托，非历练老成，奚堪委任。今特命尔不妨部事，参赞魏国公徐鹏举等，守备机务，整饬兵备，固守城池，操练兵马，抚安人民。……朕以尔才识老成，特兹委任。尔当益竭忠诚，持廉秉公，正己率人，务俾事妥民安，以副委用。如或处转置乖方，偏执误事，责有所归。"徐鹏举是明代开国功臣徐达的七世孙，嗣魏国公爵位，守备南京兼掌中军都督府事。明世宗在此敕谕中介绍了南京兵部尚书参赞机务这一职位的极端重要性及其选人标准，要求湛若水与徐鹏举一起守备好南京城并解决好城内的民生问题。湛若水任此职期间，提出了一些改善民生的具体措施，这些措施主要反映在他的《参赞事略》中。时翰林院侍读学士崔铣在《参赞事略跋》中总结了湛若水任参赞机务期间在改善民生方面所做出的重要贡献，包括"申圣谟，崇古礼，厉兵成武，率乃自躬，省费宽民，协之各署；养高年，饩困戎，逐游客，止火葬，劝农桑，联保伍，作义阡，坚定业"。

如果说湛若水在任兵部尚书之前，对民生问题的主要贡献是在理论研究上，那么他在任兵部尚书期间真正将改善民生的理念付诸实践，并取得了一定的成就。他曾在《右小壶滩》中总结了自己在南京为官时，在惩贪安民、扶贫济困、劝农生产等方面的作为。他说："我生之初尚无为，我生之后逢明时。明时兮如何？思我思兮在南畿。殴贪吏兮毁淫祠，抚安人民兮恭命保厘，禁焚祸兮义冢规，恤士困兮正鄙夷，躬劝农兮麦秀岐岐。人谓不然兮赤子畴依。"意即他在南京时，惩治侵害民众利益的贪官污吏，毁淫祠而改为漏泽园或社学，立抚治院保厘堂以维护治安，禁焚厂而设义冢或漏泽园，革退省祭官以恤饥饿军士，派德才兼备者到鄙夷之地以正民俗，亲劝农民耕种而使麦苗长得茂盛。而这些惠及民生的举措，却遇到不少阻力。但不这样做，贫苦百姓还能依靠谁呢？这充分反映出湛若水为了捍卫弱势群体的利益而不惜得罪权贵的决心。

（二）退居故里，扶弱济贫

湛若水不仅将官场作为他施展改善民生本领的舞台，而且每次回乡，总想在家乡探索扶弱济贫的路子。

一是建义仓与村社农仓。义仓是他根据母亲的遗愿而在其家乡创设的，建成运作后，受到了受惠的贫困乡亲的欢迎。村社农仓是他将萧友山大巡时送给他的50金在数辞不得的情况下，权将“辞却之物”转为“济贫之举”，在上唐等村社设置的，耕时借给无本之农，收时敛还公共之仓。

二是颁乡约。湛若水家乡沙贝，又名沙堤，处于增城西南部，当时大约只有250户，1000多人，村内有湛、伍、温、黄、何、区、姚、熊等10多个姓氏，仅靠传统的宗族制度难以管理。为了维护社会秩序，净化乡风民德，从南京兵部尚书致仕回乡的湛若水与从岳州通判致仕回乡的伍克刚分别担任主约和副主约，并有乡民代表共同参与，于嘉靖二十三年（1544年）制定了《沙堤乡约》，又名《沙堤圣训约》。《沙堤乡约》由“尚礼义、恤患难、立臧否、行保甲、躬巡省”5个部分组成。其中，“恤患难”是对邻里之间的互助要求。

三是立家训。湛若水将“天地万物一体”的理念运用到家族家庭中，撰写了《湛氏家训》。他以“一体”观来审视家庭成员的关系，要求家庭成员明“一体”之理，也就是要树立家族家庭整体观，相互“推爱”，实行“合食”，注重“节酒食”、“戒服美”。对于家族中的贫困成员，采取“蠲帮赡”、“恤孤寡”、“义阡施棺”、“济饥荒”、“发义仓”、“遵赡法”的措施，以帮其摆脱困境。因此，通过家族成员之间的互帮互助，以解决家族民生，以构建小康、和谐之家。他在《湛氏家训》精神的指导下，并在当地官员的协助下，先后在天关、莲洞和朱明等多家书院设立了赡田，使前来求学的学子通过赡田收入来解决他们的生活问题。

第三章
宇宙一体，遂生为怀

关注民生，这是一个政治话题；关爱弱势群体，这是一个道德话题。然而，为什么要关注民生、关爱弱势群体，则是一个哲学话题。湛若水作为一位饱学硕儒，从儒家的世界观和历史观出发来分析为什么要关注民生、保障民生的问题，提出了“宇宙一体”、“遂生复性”的思想。

一、宇宙一体，仁者情怀

中国人有着“整体思维”和“群体本位”的文化传统。“整体思维”是一种将整个世界看成是一个由宇宙万物相互联系、相互制约所构成的有机整体，来处理人与宇宙万物（包括他人）的关系，以构建一个和谐有序的世界的思维方式。“群体本位”是一种将群体和群体利益置于个体和个体利益之上，要求个体必须以维护群体利益、保证群体和谐为目的的价值取向。整体思维孕育出群体本位意识，群体本位孕育出爱人利他意识。而中国古代的这种整体思维的哲学公式就是“宇宙一体”，亦即“天人合一”。

（一）气通天人，痛痒相关

《庄子·天下篇》载：先秦诸子百家之一——名家（又称“辩者”，即今逻辑学家）代表人物惠施就提出“泛爱万物，天地一体”的哲学命题。但是，天地如何能“一体”，人为什么要“泛爱万物”，他却没有给予明确的说明。而在中国哲学史上首次明确提出“天人合一”之说的，正是湛若水所反复称道的北宋哲学家张载，该命题出自张载的《正蒙·乾称篇》。而且张载还将“太虚”之“气”作为宇宙万物的本原和本体，他在《正蒙·太和篇》中提出“太虚无形，气之本体，其聚其散，变化之客形尔”。无形的“太虚”是“气”本然的存在状态，“气”凝聚时形成有形的万物，万物消散时则重新回归于“太虚”。

张载的“天人合一”说和气本论深深地影响着湛若水民生本体论的理论建构。“宇宙一体”，又称为“万物一体”、“物我一体”、“天地人一体”，是湛若水宇宙观的最高概括。由于他在《如皋县改建文庙儒学记》中提出“宇宙一体”之义，在《桂古山行乐像赞有序》中主张“将宇宙一体而与之浑然”，所以洪垣在《湛甘泉先生墓志铭》中称他有“宇宙一体之量”，也就是能从“宇宙一体”的视野来审视和处理人与自然、人与人之间的关系，以求达到人与自然、人与人之间的和谐相处。

湛若水也是运用气本论来阐释“宇宙一体”说的。他在《神交亭记》中说：“气也者，通宇宙而一者也，是故一体也。一体，故氤氲相通，痛痒相关，不交而交矣。”他又在《新论·求道章》中说：“人之一呼一吸，天地之气也。气在天地，吸之即翕，天地之气通我也；呼之即辟，我之气通天地也。是故知天地人之一体。”他还在《樵语·纯学》中说：“一呼一吸，生生之理。生理根于中，呼吸感应乎内外。皆天之气，下根乎上，上根乎下，下根上根，万物一体。消息升降盈虚之间，有不得已焉。彼隔以皮肤，昧者不察，因以起私尔矣。”在湛若水看来，宇宙之所以是“一体”，从静态方面来说，是因为宇宙万物都是由“气”构成的，都统一于“气”；从动态方面来说，人通过吸入天地之气，使天地之气流入体内，通过呼出体内之气，又使体内之气流入天地中，“气”在人与天地之间流动，从而将天地人贯通成为息息相关的生命共同体。然而，并非所有的人都能明白“气本”和“气化”宇宙下的生命共同体的道理。愚昧的人不能明察，以为自己与天地、他人之间隔着一层皮肤，就起了私心，将他人的利益置于对立面。

（二）心体万物，仁者情怀

对湛若水民生本体论产生重要影响的，还有北宋二程的“仁者以天地万物为一体”之说。《二程遗书》（卷二上）载程颢之语说：“医书言手足痿痹为不仁，此言最善名状。仁者以天地万物为一体，莫非己也。认得为己，何所不至？若不有诸己，自不与己相干。如手足不仁，气已不贯，皆不属己。故博施济众，乃圣之功用。仁至难言，故止曰：‘己欲立而立人，己欲达而达人，能近取譬，可谓仁之方也已。’欲令如是观仁，可以得仁之体。”“痿”为手足痿弱，无力运动的疾患；“痹”为肢体麻痹或疼痛，或四肢挛急的疾患。“手足痿痹”本指手足痿弱无力而不能动作或丧失感觉，古代医学谓之“不仁”。而其引申义则表现为对事物漠不关心，对他人麻木不仁。二程将“理”（即天理）作为世界的本体，天地万物都源于“理”、统一于“理”。“理”体现在自然界，就是物之理；体现在社会，就是“仁、义、礼、智、信”等儒家伦理纲常。既然人与天地万物都来源于“理”，则世界上的一切都属于一个利益共同体。然而，真正的仁者才能体悟到人与天地万物是一体的。人必须由“仁”出发，认物、认他皆为己，由此体认就能够做出博施济众的德行。若不能体会到天地万物为一体，则必以外物、外人为与己不相干，必不能做出博施济众的功夫，此可名之“痿痹不仁”。

湛若水作为一位心学家，有别于程朱理学将“理”作为宇宙万物的本体，而是将“心”作为宇宙万物的本体，但这并不影响他对二程“仁者以天地万物为一体”之说的敬畏与接纳。他在《新泉问辩续录》中指出：“心也者，与天地万物一体者也，是故随时随处化化生生，无非此心之充塞，是故无物而不流通也，无时而不流通也。故夫子逝川之叹，子思鸢鱼之察，周子之窗草不除，程子之吟风弄月，张子之听驴鸣，是皆本体自然流通之著见也。”即是说，从静态上说，天地万物之所以能为“一体”，在于“心”具有无限的精神空间而能将一切包容其中；从动态上说，天地万物之所以能随时随地地生生不绝、变化不已，就在于作为宇宙万物之本体的“心”在发挥着作用。在“心”的作用下，天地万物无时无刻不在流通之中，从而构成一个充满生机与活力的有机整体。在湛若水的心目中，河水流逝，源源不断；鸢飞鱼跃，活泼自由；窗草不除，生意盎然；吟风弄月，志趣高远；驴之鸣声，撩起乡情。这一切都显示出人与自然之间是那么亲切，那么和谐，展现出一幅幅生动活泼、美丽动人的画卷。在“本心”的体认下，作为审美客体的大自然与作为审美主体的人融为一体。

湛若水不仅追求人与自然的和谐一体所带来的惬意，更强调人对自然、人对人、君对民的爱。他指出：若视天地万物藐然与己不相干，则与吾身百体相脱落，这就是“痿痹”。对于人来说，患了“痿痹”，则不认“本心”，便有偏蔽，不落于昏昧，必滞于一隅。落于昏昧，则不知其体；滞于一隅，则知有手而不知有足，知有足而不知有手。如齐王爱牛，似与孟子无异，但其爱牛不爱人，对亲不爱，对民不仁。故孟子告诉齐王，孩提之童爱亲敬长，似与尧、舜无异，却不像尧、舜那样自然活泼地对待万物，因而不爱人之亲、不敬人之长。而且孟子还要求将人的爱亲敬长之本心扩充推广，以达诸天下，这是齐王所做不到的。

湛若水曾在《孔门传授心法论都察院考满》中指出：“夫心至静而应，至动而神，至寂而虚，至感而通，至远而不可御，包乎天地万物之外，而贯乎天地万物之中。”这是地道的心本论话语。不过在湛若水看来，并非所有的人都有这种意识与胸襟，只有圣人之心同于“天”，故能“中天地、普万物、包宇宙，而极其至”。基于“心包宇宙”的观点，他在《樵语·授受》中对“宇宙为大而本心为近”之说提出了批评，认为这是将宇宙与本心割裂为二。而他指出：“大包乎近矣，近囿乎大矣，是故允哲乎此，而后能合一。今夫存乎人之身者，四肢与心均一体也，岂以心为近乎？四肢为大乎？故心痛，则四肢皆病矣；四肢痛，则心亦病矣。无尺寸之肤不知，无尺寸之肤不爱也。无尺寸之肤不爱，则亦无尺寸之肤不养也。故手足痿痹皆谓之不仁。”既然“心”与“天”均无内外，则“心天合一”。这也意味着，“心”包“宇宙”，“宇宙”也包“心”，但只有聪明睿智的人才能意识到“心”与“宇宙”的合一。对于人来说，其身体上既有“心”，又有“四肢”，“心”和“四肢”不是互为外在的，而是痛痒相关的，因此不能有轻重之分，而应该平等对待，也就是要一同爱惜，一同保养好。而对于整个宇宙来说，宇宙万物与人类之间、人与人之间也是痛痒相关的，因此，我们不能只爱人类，而应平等地爱宇宙万物；不能只爱自身，而应平等地爱他人。

二、同胞之爱，根于天性

在湛若水看来，“宇宙一体”是一个世界观命题，而“民胞物与”更是一个历史观命题，涉及统治者如何处理好与百姓的关系，如何对待民生问题。

“民胞物与”这一概念是张载提出的。张载在《西铭》中说：“乾称父，坤称母；予兹藐焉，乃混然中处。故天地之塞，吾其体；天地之帅，吾其性。民，吾同胞；物，吾与也。”意即是宇宙就是一个大家庭，乾坤乃是这个大家庭中的父母，人类就是这个大家庭中的儿女。天地之气构成了人的身体，天地之理主宰了人的本性。既然人与万物都是这个宇宙大家庭的成员，那人民就是我们的同胞，万物就是我们的朋友。这是由天地一体的宇宙境界推出“民胞物与”的兼爱情怀。张载又从“民胞物与”的兼爱情怀推出关爱社会弱势群体的民生意识。他主张“尊高年，所以长其长；慈孤弱，所以幼其幼”，也就是《孟子·梁惠王上》所说的“老吾老，以及人之老；幼吾幼，以及人之幼”。他还认为，凡是天下“疲癃残疾”（即老弱病残）、“茕独鳏寡”（即孤苦无依）的人，皆是我们“颠连而无告”的兄弟，我们应该“于时保之”，也就是及时地保育他们，这算是做子女的对乾坤父母尽一份职责与孝心。

湛若水非常推崇张载的“民胞物与”之说，他在《格物通·恤穷下》中指出：“天地万物本吾一体者也，是万物皆吾同得于天所与之气，故曰吾与；而民尤同吾得天地之正气于吾并生之中，乃为同类而至贵者，故曰同胞。曰同胞，则视之如己之兄弟矣，而天下之远、兆民之众，有疲癃残疾、茕独鳏寡，皆吾之同气，则其哀恤之情根于天性，自有所不能已者矣。”即是说，虽然人类与万物都是禀受天地之气而生的，但人类禀受的是天地之正气，因而人类之间就属于同类，因同类而有同胞之情。而人类与万物则不属于同类，而且在价值上比万物高贵，因而人类对万物只具“物与”（即伙伴）之情。正是由于人类禀受了天地之正气，才形成了人类把自己的同类视为同胞来爱护的天性，对于同胞中弱势群体的怜悯和体恤，正是植根于人类情不自禁的天性。湛若水基于“天地之性人为贵”的儒家观念，强调“民胞”相对于“物与”的优先性。因此，他在《湛子约言·观物》中反对《老子》的“圣人不仁，以百姓为刍狗”之说，认为将百姓视为刍狗，即如同轻视祭祀时用草扎成的狗一样轻视百姓，乃是“不仁”、“无人心”、“极残忍，惨刻少恩”的表现。在《非老子附录·问辩》中，他在回答何滚的提问时指出：“圣人亲亲而仁民，仁民而爱物，皆自其一念不忍之仁流出也。老子既以民物为刍狗，则亲亲亦刍狗邪？父子、兄弟、君臣、朋友、夫妇皆视之刍狗，其亦不仁少恩也甚矣！又何以为道德？”这是从维护封建纲常礼教的立场出发，进一步对老子的以民物为刍狗之说进行批判。

三、化欲为理，遂生复性

湛若水作为一位心学家，自然离不开天理人欲的话题，时常也将天理与人欲相对，但他并没有否定人的基本欲求，而是主张“化欲为理”。而在政治上，他主张遂民之生，在此基础上去复民之性，实现民众物质生活和道德生活的双提高。

（一）不废食色，化欲为理

湛若水延续陈白沙的心学套路来把握理或道，但又特别强调心、事、理三者的合一。一方面，他强调理的客观性，在《新泉问辩录》中提出“理只是一个理，而谓之天理者，明其为自然，不由安排耳”；另一方面，他又突出“理”的主观性，在《湛子约言·宇宙》中提出“天理者，吾心中正之本体而贯万事者也”。他还在《答聂文蔚侍御五条》中说：“心与事应，然后天理见焉。天理非在外也，特因事之来，随感而应耳。故事物之来，体之者心也。心得中正，则天理矣。”这同样体现了客观的“天理”法则服从于主观的“中正”本体的精神。不过，湛若水注重在“事”中体认天理，即在空间上随心随意随家随国随天下，无处不可以体认天理；在时间上随其所寂所感，无时不可以体认天理。

湛若水也秉持了宋明理学的主流理念，将天理与人欲相对，如在《答洪峻之侍御》中提出“天理长一分，人欲便消一分，天理长到十分盛大处，则人欲亦便十分净尽”；在《天华书院讲章》中提出，圣人“得天地纯粹之气，性无不全，德无不实，浑然天理而无一毫人欲之私”。不过，他总是把“体认天理”、“存天理”作为去除人欲的先决条件。他在《雍语·虚实》中说：“未体天理，焉知人欲？未能如好好色，焉能如恶恶臭？”在《答洪峻之侍御》中提出“不存天理，而先欲去人欲，如中军无主，谁与却敌？”他还在《新泉问辨录》中指出，“见得天理，方见得人欲”，如“人之酒醒，便知是醉”。当你体认了天理的时候，也就知道了什么是人欲。

而当大多数理学家将气质之性与人欲相联系，而与天理相对立时，湛若水则从“气质”之中探求天理。他在《问疑录》中说：“血气者，人欲之根也，戒之者，即是心学，即是养志。志者，天理之根也，戒之者，所以存天理，遏人欲。立志以帅气，则凡血气之欲皆化为义理矣。”这就是说，在人身上，既有客观的“血气”，又有主观的“志”。“血气”是与生俱来的，它是构成人的生理的必要条件，因而是人不可或缺的，但它又是产生人欲的根源。“志”是后天形成的，是需要培养的，它是通向“天理”的根本。不过，湛若水并没有像程朱理学那样提倡灭人欲，而是主张遏人欲，因为人欲是灭不掉的，只要人的生命还存在，也就必然有“血气”，也就必然有人欲。而且人欲与天理也并非完全对立，而是可以相互转化的，通过以“志”主宰“气”，就可以化人欲为天理。

孟子曾指出：“形色天性也，惟圣人能践其形。”意即人皆有体形和容貌，也皆有自然之理，即所谓天性。但只有圣人既有是形，又能尽其理，故能让其形体变得更加充实和完美。湛若水以孟子此说为依据，提出“不外气质而性存焉”的观点，意即天性、天理就存在于气质之中。因此，他反对佛老“必绝妻子、离人为、丧耳目，然后为性”，亦即反对以灭人欲来追求佛性。

湛若水在《泉翁二业合一训·教肄》中指出：“饮食男女亦可废与？齐王好色，孟子引之以太王；好货，则引之以公刘。故公私之间系乎此心，不系乎货色也，何必废？”太王是周文王的祖父，名曰古公亶父。他的“好色”，不仅表现在他与妃子姜女相亲相爱，更表现在他使一国男女没有出现不能及时婚配的怨女旷夫现象。公刘是后稷的曾孙，也是周文王的祖宗。他的“好货”，表现在喜欢积谷于仓，囊橐里装满干粮，想以此安民、和民，光显于时。所以，孟子对公刘“好货”、太王“好色”而能“与民同之”大加推崇。湛若水从孟子对公刘“好货”、太王“好色”的赞赏态度中领悟到，不仅饮食男女不能归为人欲，连“好色”、“好货”也不能随便就定为人欲。“好色”、“好货”属于私，但若私不害公，而且“成私”利于“成公”，这也不违天理。

湛若水还在《新泉问辨续录》中指出：“窃以为好恶私爱，人之同情，情亦非自外至，自童子以至白首，自愚不肖以至君子皆有之，约之则天理存，纵之则人欲。彼孩提去取必不纵情、必不留滞，此即天理之象，但孩提初生，气质如此天游而不自知，不得谓之学。君子于一切人情，岂能灭绝？惟正情以定性，所存天理，如此而已。”这就是说，人皆有好恶私爱之情，而且人之“情”不是自外而入的，而是与生俱来的，也是不能灭绝的。“情”是一个中性的东西，既非先天就恶，也非先天就善。对其进行约束，则“情”可化为“天理”；对其进行放纵，则“情”可变为“人欲”。而心学的功能就是要“正情以定性”，从而遏住人欲，存住天理。也正是在这个意义上，他在《非老子》中强调人们追求“五色、五音、五味、田猎”只要合乎“理”，且以“礼”节之，则未尝不可。

从政治的角度来说，湛若水主张统治者的欲望与百姓的欲望一致。他在《格物通·使众临民》中引孟子的“得其心有道，所欲与之聚之，所恶勿施尔”之说来揭示统治者满足百姓欲望的必要性。他指出：“富寿安逸是人之所欲者，亦我之所同欲，必由我之所欲而知人之所欲，则必生之、厚之、扶之、节其力，所以聚其欲也。贫夭危劳是人之所恶者，亦我之所恶，必由我之所恶知人之所恶，则必不伤其生，不困其财，不危其身，不尽其力，而勿施之可也。是则民之好恶不外乎吾之好恶，而民心可得矣。夫好恶，民之心也，亦我之心也，欲得民之心，必得吾之心，则民心在是矣。”追求富裕、长寿、平安、逸乐是统治者与百姓都喜欢的，统治者在追求自身对这些欲望的满足的同时，也必须为百姓满足他们的这些欲望创造条件。贫穷、短命、危险、劳顿是统治者与百姓都厌恶的，统治者既然自己都厌恶，那么就不能将这些令人厌恶的东西施加到百姓身上，只有这样，统治者才能深得民心，也才能使自己开心。

汉代刘向在《说苑·贵德》中指出："圣人之于天下百姓也，其犹赤子乎！饥者则食之，寒者则衣之，将之养之，育之长之，惟恐其不至于大也。"湛若水在《使众临民》中对此说法深表认同。他认为，统治者有"同胞共与"之仁，则"保赤子"之心自不容已。民之视其君，犹赤子之视其父母，饥寒疾苦，罔不仰望其君。因此，君主苟能诚心爱民，如慈母之保赤子，就必须顺其欲而求实现之。

《礼记·王制》有"凡使民，任老者之事，食壮者之食"之说。湛若水在《使众临民》中解释说，任老者之事，言"轻"；食壮者之食，言"厚"。"任轻而食厚"，则得民心。他认为，人情莫不欲逸，苟食重而任轻，则所欲与聚，而民心自然归附。周文王姬昌原是商纣王的诸侯，曾建国于岐山之下，积善行仁，政化大行，天下诸侯多归从，百姓乐于归顺。于是他伐崇国后，建灵台以受天命。《诗经·灵台》曰："经始灵台，经之营之。庶民攻之，不日成之。经始勿亟，庶民子来。"朱熹在《诗集传》中解释说："虽文王心恐烦民，戒令勿急，而民心乐之，如子趣父事，不召自来。"也就是说百姓对"灵台之役"不但没有怨言，反而乐意参与，说明周文王此举是深得民心的。

周平王的母亲是申国人，他为了母亲故国的安全，特从周朝抽兵到申国戍守，却让戍卒与家人过着两地分居的生活，引发他们的强烈不满。《诗经·扬之水》曰："彼其之子，不与我戍申。怀哉怀哉，曷月予还归哉？"这首诗表达了戍卒对统治者让他们久戍不归的怨恨之情和盼望早日回家与家人团聚的思念之情。

湛若水以周文王"灵台之役"而有"庶民子来"之咏和周平王"申国执戍"而有"扬之水"之嗟，来对比民心之向背，也反映顺民所欲和施民所恶所带来的不同结果。湛若水还就文王修筑灵台而不免劳乎民，民乐之而不怨之事，称文王之心真乃父母之心，体现了"君民一体，如父子一心"。故民在建灵台过程中表现得欢欣踊跃，自觉地鼓动其心而自忘其劳。他认为，为民父母者，诚能临民使众如文王那样有"勿亟之心"（即无催迫之心），则民亦有"子来之心"（即像儿子似的来效力之心），不但对土木之劳不生怨言，就是在危难变急之时也能得其死命而不忍去。他批评后之人主无爱民之心，视民命如草芥，弄得闾阎弗食弗息，愁苦怨极，却仍然土木烦兴，战斗弗息，致使民众辗转而死。如此的为民父母，岂能望下民如子弟之卫父兄那样地去保护他！相反，这必然激起民众的反抗，一夫作难，四方瓦解。如秦末骊山之役徒，反为仇雠倒戈之民，血流漂杵，最终导致秦王朝的灭亡，可不惧哉！

（二）遂民之生，复民之性

人类要生存，就必须解决物质生活问题，这是民生的基本问题。但人之所以为万物之灵，就在于人有道德理性。因此，中国古代一些儒家将前者称为“遂生”问题，将后者称为“复性”问题。

《中庸》中有这样一段话：“惟天下至诚为能尽其性；能尽其性，则能尽人之性；能尽人之性，则能尽物之性；能尽物之性，则可以赞天地之化育；可以赞天地之化育，则可以与天地参矣。”湛若水在《天华书院讲章》中将这段话的精神与“遂生”和“复性”联系了起来。他指出：“性者，与天地万物为一体者也。其尽己、尽人、尽物、赞天地，复其本然者也。”即是说，“与天地万物为一体”乃是人的本性之所在，而人尽己之性、尽人之性、尽物之性、赞天地之化育，就是要复其本然之性。他又指出：“己性尽，则人之性、物之性皆尽，盖其性之大用之所及于人，则有教以复其性，有养以遂其生，于物则取之有时，用之有节，人之性尽而物之性亦尽，人物之性皆于己性分上尽了。盖成己成物，皆性之德也，合内外之道也。”即是说，无论是尽己之性，还是尽人之性、尽物之性，都是己性分内之事。尽己之性是“成己”，尽人之性和尽物之性是“成物”，两者都“尽”了，人生才能圆满。而“尽人之性”意味着一个理想的人格，必须尽到复人之性，遂人之生的责任。所谓复性，就是要恢复人的道德本性；所谓遂生，就是要满足人的生存需要。

湛若水在《赠新升宁国府太守屠君文厚之任序》中从物我一体的高度指出：“今夫民物者，同得天之生，同受天之性者也。故遂生者，匪直遂彼之生，遂尔之生也；复性者，匪直复彼之性，复尔之性也。”“遂生”是就物质生活而言的，其“道”在于“养”（即供养），也就是孟子所说的“制其田里，薄其税敛，仰足以事父母，俯足以育妻子”；“复性”是就精神生活而言的，其“道”在“教”（即教育），也就是“教之礼义”。他说：“四境之民，遂尔之生，复尔之性，而治道毕矣。”对于官员来说，能够使一方之民既遂其生，又复其性，也就治道完满，大功告成了。

湛若水特别强调“遂生”的重要性。他在《格物通·使众临民》篇中提出“保民以遂其生”，在《格物通·修虞衡上》篇中又提出使民“各遂其生，各得其所”。对于农民来说，有田产才能有“遂生”的保障。故湛若水在《新论·贵纯章》中指出：“分田其王政之本乎！有田则食足，食足则善心生，善心生则伦理明，伦理明则风俗厚，风俗厚则礼乐兴，礼乐兴则和气致，和气致则天地泰、万物若。”因此，行“王政”必须从分民田地始，农民有了田地，才能解决粮食问题，获得物质保障。有了物质保障，人们的道德素质才会提高，整个社会乃至整个宇宙才能和谐。

第四章

为政之道，民生为本

湛若水从“宇宙一体”观揭示出“君民一体”观，认为民为邦本，统治者必须敬民畏民，才能得民心而坐天下。而敬民畏民的基本要求就是统治者树立“好生之德”，施行亲民之政，以民生为本。

一、君民一体，以民为本

湛若水在政治上的一个基本观点就是“君民一体”、相依为命，如同在同一条船上，船安大家安，船危大家危，只有同舟共济，才能化危为安。因此，统治者必须以民为本，解决好民生问题。

（一）君民一体，安危同机

湛若水从“宇宙一体”的宇宙观推出“君民一体”的政治观。他在《格物通·蠲租》中指出：君民之所以“相为一体”，是因为“天地万物与吾一体”。

湛若水又从社会分工的视角来揭示“君民一体”观。他在《格物通·畏民下》中指出：“君者食民之力，民者赖君之治。君而非民，民而非君，皆不能独生，是上下相须以为命者也。”即是说，君要靠民来养活，民要靠君来治理，一方缺少另一方，都无法独自生存，因此君民之间必须相互依赖、相依为命。湛若水的这一观点，使人联想到《孟子·滕文公上》中所说的

“劳心者治人，劳力者治于人；治于人者食人，治人者食于人”。不过，孟子突出“劳心者”的特殊价值，而湛若水强调“劳力者”（即民）的特殊价值，即君臣的衣食都是取之于民的，故其职责在于“为民”。

湛若水在《格物通·畏民上》中，又以《礼记·缁衣》提出的“民以君为心，君以民为体，心庄则体舒，心肃则容敬。心好之，身必安之；君好之，民必欲之。心以体全，亦以体伤，君以民存，亦以民亡”之说为依据，来说明“君民一体”的道理，认为君主懂得了“君民一体”的道理，就必须待民以仁，仁则民安而君亦安。

湛若水还在《格物通·恤穷上》中指出：“夫君民同心一体而痛痒欣戚相通者也，故心一则体一，体一则其爱之以均，聚散之必同。而忍于公私贫富之不一者，以其心之不一。”“君民一体”意味着君主与百姓之间痛痒相通、休戚与共。“一体”的本质在于君主平等地对待百姓，实现财富的公平分配。“一体”的关键在于君民同心，如果心不一，君主就会放任社会的贫富不均，致使贫者无法生存，这是“不仁不恕”的表现。

湛若水在《格物通·恤穷下》中，又将“君民一体”与“安危同机”联系起来，即民安则君安，民危则君危。因此，君主必须将百姓的安危视为自己的安危，多替百姓着想。

湛若水还从君、臣、民三者的关系上具体揭示“君民一体”的道理。他在《再论圣学疏》中分析说，一个健康的身体，必须具备“主之惟心思，调之惟元气，运之惟股肱耳目，通之喘息呼吸惟喉舌，发之惟百体发肤”的机理。一个人的身体如果出现“心思不宰”、“元气不调”、“股肱耳目不运用”、“喉舌不通”、“百体发肤不润”五者中的任一种，就意味着“解体”，即身体崩溃，死亡将至，就是神医扁鹊也救不了，只能望之而逃走，因此须对五者兼爱、兼养。对于国家来说，“人君”、“三公”、“九卿”、“庶官”和“万民”就分别如同身体上的“心”、“元气”、“股肱耳目”、“喉舌”和“百体发肤”，必须“相待一体”。人君如果对臣民不爱、不养，就意味着自解其体。因此，他希望君主能够替穷人着想，“必以天下穷民，如疾痛在身，思所以惠育之”；希望君主能够“全体物之仁，玩取身之义，兼爱养之道，虑解体之患，惩扁鹊之走，立大公以普天下，宫中、府中视为一体，疾痛疴痒无不相关”，做一位为天下后世所称颂的“至仁之君”。

（二）民为邦本，同舟共济

中国古代反映儒家道德观、政治观和民生观的纲领性经典，非《大学》莫属。《大学》的基本思想反映在“三纲八目”中，“三纲”即明明德、亲民和止于至善，“八目”即格物、致知、诚意、正心、修身、齐家、治国、平天下。从宋代到明代，以《大学》为解读底本，系统阐发格物致知、诚意正心、修身齐家、治国平天下之道的，有南宋真德秀的《大学衍义》、明代丘濬的《大学衍义补》和湛若水的《格物通》3部巨著。

真氏的《大学衍义》将政治（“审治体”）与民生（“察民情”）话题主要置于“格物致知”之纲目中。他所主张的“治体”不是民本思想，而是重义轻利的价值观，而他所讲求的“民情”倒是具有民本精神，如他提出的“天心即民心”、“君之忧乐与民同”等。但真氏的《大学衍义》只“衍”到格物、致知、诚意、正心、修身、齐家这几个部分，尚缺“治国、平天下”这两个部分，而这两个部分与政治和民生问题联系最为密切。

丘氏的《大学衍义补》是接着《大学衍义》讲的，而以“治国平天下之要”为核心，以补《大学衍义》之缺。其中“固邦本”之纲目的内容占了全书很大的篇幅，它不仅总结了历代的民本思想，还提出了制民之产、重民之事、宽民之力、愍民之穷、恤民之患、除民之害、询民之瘼等解决民生问题的具体措施。

不过，丘氏的《大学衍义补》多征“旧事”（即过去的史实）以为“法戒之资”，而湛若水的《格物通》多引“前言”（即前人的言论）以为“讲习之助”。所以，湛若水认为两书“相辅而行”，均有裨于“治道”。由于丘氏在“固邦本”之纲目中已对历代的民本观念和惠民措施做了比较详尽的介绍和评述，而湛若水的《格物通》是接着《大学衍义补》讲的，因此，他也就不再在“民为邦本”这一经典之论上着墨重述了。

湛若水对民本思想也是极为重视的。他在《格物通·畏民上》中对《尚书·五子之歌》中“民可近，不可下。民惟邦本，本固邦宁”之说做了具体的阐释。他指出，“君之与民，以势而言，则尊卑殊分；以情而言，则一体相须。故势疏则离，离则下；情亲则合，合则近”，故民可亲而不可疏。而且，“民者国之本，本固而后国安”，故不可以民为下。君亲民则民心归，归则共戴而为人主；君疏民则民心离，离则孤立而为匹夫。“譬如草木，必先有根，而后有干，而后有枝叶”。树木倒下，树根翻出，则树木就活不久了。民就如草木之根，若遭严重伤害，则君位也就做不久了，故曰“民惟邦本”。

湛若水又基于“民为邦本”的思想，在《乞上下一心同济圣治疏》中以“舟”为喻来揭示君、臣、民必须同舟共济的道理。他认为，天下犹如一条“大舟”，治乱安危，未有津畔，犹如济渡大海。人主之一心，犹如舟之“柁”（通“舵”）；公卿贤士、辅导之臣，运筹指方，犹如舟之有“长年三老”（即梢工）；百僚宣力，犹如篙师（即撑船熟手），榜人（即船夫）为之左右；内臣外戚，犹如附舟之人；天下民庶，实为邦本，犹如舟中装载的宝货。故附舟之人与宝货之利害，在舟之安危；舟之安危，在柁之弛张；柁之弛张，在梢工操纵与篙师宣力与否。大家都在同一条船上，所以，舟危则凡在舟者无不危，舟安则凡在舟者莫不安。而要平安地到达彼岸，就必须团结协作，同舟共济。湛若水特别强调君在国家治理中的核心作用，如同船上的舵手。他指出：欲济国家中兴之善治，莫若端正君心，君心一正，则“万化”（即万事万物）自能治理得好。

二、民重于君，不可不畏

湛若水在对待君民关系的态度上，还持有“畏民”之说。畏民一词源自《尚书·大禹谟》。《尚书·大禹谟》载帝舜对大禹的指示说：“可爱非君？可畏非民？”即是说，百姓将自己的命运寄托在君主身上，因此君主可爱；君王治国无道，就会遭到百姓的反叛，因此百姓可畏。湛若水在《格物通·畏民上》中也指出：“众非君，则何所奉戴？是君诚可爱也。君非民，则谁与守邦，是民尤可畏也。”君之可爱与民之可畏，意味着君与民“相须而立”，谁也离不开谁。君只有勤于“慎天位”、“修道德”、“养穷民”，则天之禄籍才能长终其身，即一生享大福、保大名。但相比之下，民尤为重，不可不畏。湛若水这一说法可能受到孟子“民为贵，君为轻”观念的影响。他认为，人君知民之可畏，才能保其可爱之位，否则，可爱之位便不足为恃。因此，君之“戒”在于其“恃尊位以忽民”。他希望君主谨其君位，敬修其德。人君苟有一毫之不善生于心，害于政，就会使很多民众不得其所，若四海之民不得其所，至于困穷，则君之天禄就会一绝而不复续。故君不可不深畏其民！

不过，在湛若水看来，“畏民”实具以下两重含义：

一是指基于君民冲突意识而对民众的威力持畏惧心理。

《尚书·召诰》有“畏于民岩”之说。“岩”是“险”的意思，意即民情危险而令君畏惧。湛若水以“殷鉴不远，在夏后之世”为据，希望人君存畏民之心，即对民众反叛的威力有所畏惧，以免重蹈夏为商所灭的覆辙。

《诗经·扬之水》有“我闻有命，不敢以告人”之句，透露了曲沃桓叔阴谋搞政变的信息。据《史记·晋世家》记载：晋昭侯即位那年，封桓叔（名成师）于曲沃之邑，而桓叔在曲沃因好德而得民心，故晋国民众皆归附于他。诗中的“素衣朱禄，从子于沃。既见君子，云何不乐”，正是晋人乐于归附曲沃桓叔的真实写照。该诗的作者应是晋国当时政权的维护者，所以对曲沃桓叔笼络民心、意图政变的举动有揭发、告密之意。但湛若水在《格物通·畏民上》中并不认同该诗作者的立场，而是将晋人附桓叔归咎于晋昭侯的无德无能。他指出：国人反叛晋侯固然有罪，但晋侯不能强于自治而致国人之叛，则晋侯自己亦难辞其责！国人附桓叔而叛晋侯，固然与晋都微弱而沃邑盛强有关，但更与晋人在晋侯的压迫下不能“胥匡以生”（即相互扶助而生存）有关。故他指出：“以此观之，人主有国家者，苟不能及时修德强仁以庇其人民，惟昏淫自肆，徒以奄奄之气而欲系将散之人心，不亦危哉！”他也由晋人附桓叔而叛晋侯之事感到，“民情向背不常”之可畏，并强调为君者应引以为鉴。

湛若水在《格物通·畏民下》中，引《尚书·泰誓下》中“抚我则后，虐我则雠”之说，认为得民则民扶之而为天子，故民“可重”；失民则仇之而为匹夫，故民“可畏”。他又引《尚书·周官》中“弗畏入畏”之说，意即君若不畏民，不仁以虐之，则民叛而为仇。“为仇”的结果，是将使君落入“可畏之刑”，即陷入亡国灭身的可怕境地。他还指出：“民徒知畏君之势，而君不知畏民之势”，“（君）以私灭公，民心不服，而危亡至矣”。因此，君畏民不是一件坏事，它可以让君有一个清醒的头脑，自觉以公灭私，多为民着想，以免陷于危亡的厄运。

二是指基于“君民一体”观念而对民众的合作持敬重心理。

《尚书·太甲中》曰：“民非后，罔克胥匡以生；后非民，罔以辟四方。”湛若水在《格物通·畏民上》中就此指出：民非君，则强凌弱，众暴寡，不能相正以生；君非民，则孤立于上，谁与为君者言。既然君民“相须”而为“一体”，为人君者，岂可不敬其民？

《尚书·皋陶谟》曰：“天聪明自我民聪明，天明畏自我民明威，达于上下，敬哉有土！”湛若水就此指出：天人同气，上下一理，通达流行，更不分别，则民之视听，便是天之聪明；民之好恶，便是天之明畏；民心所存，即天心之所在。因此，轻忽于民，即是怠慢于天。对于有天下、人民、社稷之寄的君主来说，必须敬乎民而敬乎天，亦即敬畏人民，以承天心。

三、好生之德，亲民之政

湛若水又基于“天人合一”的理念，要求统治者秉持天地好生之大德，在心上“明德”，在事上“亲民”，心事合一，为改善民生多做实事，而不能无所作为。“亲民”之道，在于施行“六政”。

（一）好生之德，仁爱之心

传统儒家将“天”（包括“地”）作为宇宙的主宰，而把“生”或“生生”作为天地的大德。《周易·系辞下》提出“天地之大德曰生”，意即天地的盛德在于赋予自然以生命力，赋予万物以生命；《周易·系辞上》又提出“生生之谓易”，意即宇宙万物的生生不息、繁衍不已就是“易”。而《周易》中的这两句话，也是湛若水用作关注和解决民生问题的哲学依据。

湛若水在《湛子约言·亲亲》中指出：“天地之大德，生而已也。故其生人也，凡存乎人之身者皆生意也。何谓人之生意也？恻隐之心凡存乎人之身者，人之生意也。”意即天地在赋予人以生命的同时，也赋予了人的生命以“生意”（即生命力），而在人身上的“生意”就是恻隐之心。他在《格物通·儆戒四》中，本着“天地之大德曰生，人君之大德曰仁”、“人君者，体天地好生之心以仁天下”的理念，批评史称“一时之杰”的蒙古帝国大臣耶律楚材“平日不能辅养君德，引君当道以志于仁”，故未能阻止铁木真（成吉思汗）入西域屠城灭国的惨剧。也是本着“天地之大德曰生”的理念，他又在《格物通·恤穷下》中对明朝设“养济之典”以“恤穷民”的做法深表赞同。他特别强调职掌鳏寡孤独者事务的官员要尽起“存恤养赡，毋使失所”的责任，并反问道：“为有司者果能衣食以时乎？治疗以医乎？如其不然，则上孤君德，下绝民生，可得谓之良有司哉？可谓民之父母哉？”意即国家设民政之官的目的，就是要解决民生问题，不能解决民生问题，则上对不起君主，下对不起百姓。

湛若水将天地的“生生之德”作为人类的好生之德的本源，人类禀受了天地的生生之德，也就有了好生之德。人类的好生之德就是恻隐之心，就是仁爱。他在《会华书院讲章》中指出：“何谓仁也？仁非甚远难知，即人之心也。恻隐之心，人心也；好生之心，人心也。人心之理，生生不息，此便是仁，故仁即人之本心也。”人的好生之心与天地的生生之德是一脉相承的。《诗经·小弁》曰：“相彼投兔，尚或先之。行有死人，尚或墐之。君子秉心，维其忍之。”这是周朝太子宜臼被周幽王放逐后的放歌述哀之言，意即野兔投入罗网，还有人本着怜悯之心将它放走；人死于道路，还有人怀着同情之心将他埋葬。不料父王不念父子之情，将我残忍地放逐抛弃。湛若水在《格物通·正心上》中评议说：“天地以生物为心，人得其生生者以为心，不忍之心，人孰无之？”意即对于拥有天下的帝王来说，不仅在家庭中要以不忍之心来行父子之爱，还要秉其不忍之心而扩充之，虽斩一木，杀一兽，若非其时，则于心不忍，更何况是人呢？更何况是亲人呢？故他强调人君应以不忍之心行有不忍之政。

湛若水还注重好生之德在司法领域的体现。《尚书·大禹谟》引皋陶的话说：“罚弗及嗣，赏延于世。宥过无大，刑故无小。罪疑惟轻，功疑惟重。与其杀不辜，宁失不经。好生之德，洽于民心。”意即，对于有罪者的刑罚，不连累其后代；对于有功者的爵赏，则延及其后世。对于过失犯罪，虽大必宥（即宽容）；对于故意犯罪，虽小必刑（即惩罚）。与其轻刑导致无罪者被错杀而丧失性命，宁愿慎刑而不守刑法之常经以保全疑犯的生命。这种好生之德必然深得民心，激发天下人兴善而远罪。湛若水在《使众临民》中对帝舜的好生之德大加赞赏。他指出：“夫天地之大德，曰生而已矣；乾坤之广大，曰易简而已矣。圣人者，体天地之大德而法其易简，故其并生之心与天地准。故天地并育并行而万物不悖，圣人并生而万民不犯，职此故也。后世法网愈密，而犯法益众，盍亦反求其本矣。”在这里，他从司法的角度来讲好生之德，要求执法者珍视生命而不嗜杀，慎用刑罚而不滥杀无辜。

湛若水还在《格物通·养太子上》中指出：“天地之大德曰生，圣人之大德曰仁，仁厚者，即天地生生之性也。”据此，他主张将培养仁厚之德贯彻于对太子的教育之中。《诗经·麟之趾》中有“麟之趾，振振公子，于嗟麟兮”之说，湛若水解释说：周文王后妃有仁厚之德，在她的熏陶下，公子（即儿子）亦化于仁厚，犹如麒麟天性仁厚，它的蹄趾不践生草，不履生虫。故他主张仁厚为教养太子之本。而太子仁厚之德的培养，内要有如文王后妃的仁厚之化，外要有端正格心之人，内外夹辅，使之见正事，闻正言，行正道，则帝王德器才有所成。他批评后世一些君主在辅养太子方面没有选对人。如秦始皇以赵高为胡亥之傅，所见者无非“刑杀之事”，造成秦二世胡亥“今日即位，明日杀人”；汉文帝以晁错为景帝之傅，所学者无非“刻薄之术”，造成景帝“方在青宫，格杀亲戚”。之所以会造成太子继位后滥杀无辜，并非这些太子都是天性邪恶之人，而是由于辅之者非其人，养之者非其术。因此，他主张人君教养太子，应以周文王后妃“仁厚化公子”的做法为榜样，诚能养太子的仁厚之心、天地之性，使其无骄纵刻薄之风，则国家元气有所培植，而天下之大本端正，此乃“社稷生民之福”。

（二）明德亲民，心学之要

湛若水的哲学属于心学，这是他本人的说法，也是学术界所公认的。不过，心学究竟是研究什么的？与民生有何干系？这需要我们从湛若水的言论中理顺。湛若水在《洪子问疑》中，从对《尚书·康诰》的“明德慎罚”、

“顾乃德”和“恫瘝乃身”（即把百姓的疾苦放在心上）、“若保赤子”等说法的综合中，得出了“明德、亲民，心学之要”的结论。他又在《湛子约言·师友》中指出：“在心为明德，在事为亲民，非谓静坐而明德，及长然后应事以亲民也。一日之间，开眼便是应事，即是亲民。自宋以来，儒者多分两段，以此多陷支离。自少而长，岂有不应事者？应事而为枝叶，皆是一气扩充。”在这里，他反对宋明时期一些理学家将“明德”与“亲民”、“心”与“事”分开，强调明德与亲民统一、“心事合一”，也就是要将“明德”之心转化为亲民之事，从而更好地解决民生问题。

湛若水又在《泗州两学讲章》中将《大学》中的“明德亲民”与“至善”联系在一起。他以“大人”为理想人格，并释之为“浑然与天地万物为一体，物我体用全具”的人。他认为，“明德”言“体”，即“吾心中正之本体”，“本体”未尝昏昧，而人自昧之，故须常存此“本体”而不放松，使无一毫“私蔽”，这便是“明德”。“亲民”言“用”。这“亲”字即“百姓不亲”之“亲”，“亲”则见得“与物同体”、“痛痒相关”。故养民教民之心自不能已，视之如伤，恫瘝乃身，是谓“亲民”。明德、亲民，体用皆具，自然就达到了“至善”的境界。“至善”即是“天理纯粹”，乃是明德亲民之“奥”（即极致）。

湛若水特别强调亲民的重要性。他在《亲民堂记》中说：“亲民者，亲民也，亲于民也。”即是说，亲民有两种含义，一是指官亲民，二是指官为民所亲，合而言之，就是“官民相亲”。从哲学的意义上说，人类因“一体”而生亲；从政治的意义上说，官只有先亲其民，然后才能获得民之亲。官民之所以能相亲，就在于“天地民物一体”，“一体故亲，故能亲民，民斯亲之”，体现了“一体之感应”。他还打比方说：今人在身上拔一毛则莫不知痛，刺一肤则莫不知痛，就是因为“毛”与“肤”属于“一体”。而官民也是“一体”的，故知痛痒相关。明白这个道理，则官员就应该“恫瘝乃身”,“视民如伤”。

官员的重要职责是治民，而治民必须亲民，亲民又必须视民如身。湛若水在《告王子》中将视民如身作为治民之道的一种。他认为，每个人对己之身无不兼爱，则视民如身意味着其心对民无不爱。对于官员来说，要视民如身，就必须做到：视民之啼饥，如己之饥；视民之号寒，如己之寒；视民之疾苦无告，如己之恫瘝切身。做到这样，就不会出现“爱不周”的现象。

（三）亲民之道，在施六政

至于如何“亲民”，湛若水在《亲民堂记》中提出了“施六政”之说。具体言之，“吏政修，而可以亲民之秀者矣；户政修，而可以亲民之生矣；礼政修，而可以亲民之性矣；兵政修，而可以亲民以无患矣；刑政修，而可以亲民以无刑，民协于中矣；工政修，而可以亲民以材用不竭，若于上下草木矣。”即是说，吏政的亲民，体现在选拔任用贤德的人才上；户政的亲民，体现在人民生活的改善上；礼政的亲民，体现在人民品性的提高上；兵政的亲民，体现在人民免受战争、匪盗的祸患上；刑政的亲民，体现在官府无所用刑而人民内心的亲附上；工政的亲民，体现在人民的材用如天地草木之不竭上。他认为，“六政”行，则万民安而达“治之至”。而“亲民之心”的实行，在于统治者推及“不伤财之心”和“不害民之心”。

第五章

以农为本，丰衣足食

湛若水认为，发展经济乃是民生之基，而农业又直接关乎国民的生存。因此，统治者必须秉持以农为本的政策，积极劝课农民搞好农业生产，以解决全社会的衣食保障问题。同时，统治者在搞工程建设时，要不夺农时，让农民安心生产，以争取好的收成。对于戍卒，实行兵农合一政策，通过屯田来让戍卒在无战事时解决自身的衣食问题。

一、劝课农桑，以立治本

湛若水认为，国家以民为本，而在四民之中，只有农民是直接从事衣食生产的。因此，在四民之中，农民又是国家政治的根本。统治者必须积极劝课农桑，并以身作则，引导民众的经营走向。

（一）国本于民，农为治本

湛若水在《南京兵部参赞事宜疏》中指出："窃惟国本于民，民本于食，食本于农，此理之必然者也。"国本于民即国以民为本。这一民本思想自先秦到明代，已为无数学者所提倡。丘濬在《大学衍义补·固邦本》中就收入了古代典籍和学者中大量关于民本思想的论述。如蔡沈在《书经集传·五子之歌》中称"民者国之本，本固而后国安。本既不固，则虽强如秦、富如隋，终亦灭亡而已矣。"丘濬本人将《尚书》中"民惟邦本，本固邦宁”之言称为“万世人君所当书于座隅以铭心刻骨”。湛若水的《格物通》既然是接着《大学衍义补》讲的，自然对《大学衍义补》中的民本思想心领神会。他也在总结历代的思想言论和实践经验中感悟到人民是国家的根本，民心的向背事关统治政权的兴衰存亡。然而民心的向背又与人民物质生活条件能否得到满足密切相关，此所谓“民本于食”。人民物质生活条件能否得到满足又与农业生产的好坏密切相关，此所谓“食本于农”。“民本于食”即“民以食为天”、“食者民之命”。

湛若水所关注的是灾年时食对民的重要性，他在《格物通·儆戒一》中指出：“岁凶年谷不登，则民无以为生。”而国又以民为天，若民之食无法满足，必然会威胁和动摇君主的统治根基。所以，他又在《格物通·畏民上》中指出：“知天之天者昌，不知天之天者亡。”这个“天之天”就是“食”。民一旦失其“天”，则君自然就不能独存。而在四民之中，唯有农民是生产粮食的，所以说“食本于农”。“食本于农”意味着农业是国家经济的命脉，农民是国家的根基。因此，“农”是国家治理的基础。

受祖辈和父辈的影响，湛若水对“三农”（农业、农村和农民）的情况有深刻的了解。他在南京为官之后，还在自家的屋后种起了蔬菜。他在《治官舍后小圃种蔬大吟》中说：“后园积土丘，铲高平其低。我无治平术，仿井理蔬畦；纵横称疏密，南北方东西。以兹如我心，周正无斜攲；抱瓮有代功，桔槔遂忘机。老夫自退食，随意行杖藜；非徒见生意，亦且调燮之。培灌自时若，雨旸不可期；怀彼灌园翁，食力无忸怩。利泽苟公溥，何必拔园葵；岂无废地力，而况暴殄为？理蔬不愧高，理蔬不愧卑；不熟知时馑，举箸思氓疲。天下尚多山，崎岖不可犁；安得尽经理，井授无流离。岂止无流离，乡井无寒饥；饥寒不切身，礼义生天彝。四方措兵刑，馨香格神祇；始知农圃事，是为太平基。”

这首诗的内容大致可分为3个方面：

第一，介绍了湛若水在自家后园种蔬菜的经过，即仿照井田做法将后园土丘平整为一块块整齐的菜畦，然后在菜畦中种上菜苗，并给菜苗浇水，以求蔬菜自给。

第二，介绍了历史上几个种田故事。一是《庄子·天地》中的故事，说的是孔子弟子子贡在游楚返晋途中路过汉水南沿时，见一长者抱着陶瓮从井里装水浇圃地，用力虽多而见功寡，但又不愿接受子贡提出的浇地效率高的汲水器械——桔槔。二是《高士传·陈仲子》中的故事，说的是战国时齐国贤士陈仲子视食禄为不义而不愿做官，亲自织履，令妻纺麻，以易衣食；后因忧楚国将乱而不受楚王重金聘相之请，携妻逃去过隐居生活，为人灌园以自食其力。三是《史记·循吏列传》中的故事，说的是春秋时鲁国博士公仪休以“食禄者不得与下民争利”为由，将自家园中好吃的冬葵菜拔去扔掉，以免影响菜农的生意。湛若水不赞同公仪休“拔园葵”的做法，认为官员的职责在于为国家社会谋利益，而不在下班后在自家种菜这点小事上。他倒是认同长者抱瓮浇圃所表现的心灵淳朴、陈仲子灌园所表现的清廉品质。

第三，介绍了自己通过种菜而悟出的道理，即农民种田不易，面临收成因灾害而不稳定的风险；发展农业，才能避免饥寒；有了生存保障，道德才能提高；农圃之事乃是太平之基。

（二）劝课农桑，以固邦本

尽管“食本于农”是一个极为浅显的道理，但并非人人都愿意去经营农业。因为在中国传统的观念中，“农”的社会地位要低于“士”，所谓“万般皆下品，唯有读书高”；“农”的社会地位似乎要高于“工、商”，但农民的劳动强度也高于工民和商民，而农民劳动所获得的回报往往要低于工民和商民从事手工业和商业活动所获得的回报。所以，湛若水提出了“劝课农桑，以立治本”之说。

湛若水从人性论出发来揭示劝课农桑的必要性。他在《南京兵部参赞事宜疏》中指出：“然人情恶劳好逸，使上之人无以劝课而鼓舞之，欲使之各尽其力于耕桑，盖亦难矣，此先王所以有劝农桑之政也。”所谓劝课，即是鼓励与督责。由于农活在农业社会中是最苦最脏最累的活儿，而人又有好逸恶劳的本性，如果上层统治者不去劝课，农民则不愿尽力耕田，也就无法获得好的收成。至于如何劝课，主要有以下措施：

一是与农民打成一片。

《诗经·甫田》云：“曾孙来止，以其妇子。馌彼南亩，田畯至喜。攘其左右，尝其旨否。禾易长亩，终善且有。曾孙不怒，农夫克敏。”“曾孙”指主持祭祖祭神者（周王），“田畯”是劝农、管农事的农官。湛若水在《格物通·劝课》中解释道：曾孙乘着黍稷长得茂盛，来到田间省察耕作情况，碰见农夫的妻子带着孩子一同给正在田间忙于耕作的丈夫送饭。其时田畯也到了田间，见到该妇女送来了饭，感到特别高兴，乃取出左右菜肴各做品尝。足见，官民上下特别相亲。曾孙又见遍野的禾粟长势良好，丰收在望，因此感到非常满意。而农夫得到赞许后，愈加乐于趋事赴工，做起农活更加敏捷，何愁食有不足呢？所以，湛若水指出：“下之兴起，由于上之感动如此，则夫劝课之典，上之人信有不可不举者矣。”这就突出了政府官员（包括君主）对农民和农事的“劝课”，对于激发农民的劳动热情，提高农业收成的重要意义。

二是躬肇农桑以示重农。

中国古代帝王有“耕籍礼”或“籍田礼”的习惯。“耕籍”指天子、诸侯在每年春耕前举行仪式，亲耕籍田，种植供祭祀用的谷物，以示重农、劝农。“耕籍礼”的流程是：先由皇帝亲耕，按犁三推三反，然后群臣依次而耕，王公及诸侯等五推五反，孤卿大夫七推七反，士九推九反，最后由籍田令率其属下将这块地耕完播毕。礼成，则命天下州县及时春耕。湛若水在《圣主躬肇农桑颂并序》中指出，“每岁皇帝耕籍于南郊，皇后亲桑于北郊。……皇帝耕于殿之南，皇后蚕于殿之北，内外并行”，“帝耕于籍，后蚕于北，以艺以织，以为神钦，以为民则”。他又在《格物通·劝课》中指出：“民之所生者，命也；命之所依者，食也；食之所依者，土谷也。”为了解决食的问题，就必须激发天下人投身于农业生产。他认为，天子躬耕籍田的目的是“上以祭神明，下以重民命”，即起到上以向神灵祈祷，下以劝民农桑的作用；通过“示劝课之典”，使天下无不耕之人。同样，后妃“躬桑劝蚕”的目的，在于重“本”，通过“示劝课之典”，使天下无不蚕之妇。

湛若水不仅赞赏皇帝皇妃“躬耕躬桑”的劝农做法，也对官员的劝农活动深表赞同。北魏孝文帝时，河东太守元淑针对河东“俗多商贾，罕事农桑，人有年三十不识耒耜者”的重商轻农现象，下车劝课，躬往教示，二年间家给人足。湛若水在《格物通·劝课》中称赞元淑“化商贾之民而归之农亩，变逐末之俗而使之务本”，而使“田畴始理”，诚可以为守令之法（即榜样）。

三是传授农业生产技术。

湛若水在《初任参赞机务南京兵部尚书告示》和《南京兵部参赞事宜疏》中都将南京附郭田土与苏松之地做了比较，认为两者同在江南一块，土地肥瘠相差不甚远，但岁收相去不止10倍，究其原因，在于勤惰之不同。苏松之地虽然税粮最重，但当地农民依赖“务积粪、勤耕耨”，不但不为重粮所累，反而多能致富。而南京内外郊原的民众甚为懒惰，城中不耕田者不肯积灰积粪，郊外的农氓（本地与外来的农民）耕田又只听天由命，却不知治粪之法。因此，南京远近郊野虽甚为空旷，但因民习趋“游末”（即经商）而怠于耕桑，造成田地荒芜，每岁不收，粮食不能自给，不免张口待哺于内郡。虽为丰腴之田，若不疏凿沟渠以备旱潦，不勤力积粪以尽地力，则亦变成荒瘠而已。而他认为，农业的增收，除了需要辛勤的耕耘外，还需要足够的肥料。故他建议农民每当农暇时，就将带草的土皮铲起，置于牛栏脚下盛放牛粪牛尿的粪坑中，使其与牛粪牛尿混合在一起，杂踏为粪泥，每月将粪坑中的粪泥掏出一次，堆积于外面。接着，又如前次一样，取出新的带草土皮，置于粪坑中发酵。积之一年，则土草牛粪便发酵为“好粪”。又取“灶灰”（即做饭时锅灶中柴火烧尽后的灰烬，今称之为草木灰肥），与“粪泥”一同施入田中作为肥料（属有机肥），从而提高农作物的产量。他将会制作和施用肥料而又努力芸耨的农民称为“上农”，认为按照“上农”的方式种田，则谷物不可胜用。

明代南北两京设中、东、西、南、北五城兵马司，负责在京师巡捕盗贼，疏理街道沟渠及囚犯、火禁等事务，相当于现在的公安局及城市管理局。湛若水建议农忙之时委派兵马司巡行京城郊野，教农民以浥草为粪之法，使农民免于搬运之劳；又必教之植桑养蚕之法，使农民自织为衣。兵马官在督察过程中，视农之勤惰而予以赏罚劝惩。粪多者定为“上农”，粪少者定为“下农”；宅有桑麻者定为“勤民”，宅不毛者定为“惰民”。对于“惰民”，则必重罚之。他将这种“劝农”之策称为“先王之政之急务”，若能持久实施，民皆务农桑，则粟米布帛不可胜用，京师之“本”也就稳固了。为了使兵马司不至于将“劝农”活动蜕变为侵害农民利益的“虐政”，他提出了对兵马司的行为进行约束的严格规范，即巡行时不许食民间一酒一饭，扰累农氓，若有犯者，则计赃以为斥黜。这些规定乃是对官员工作作风的一次大整顿，对于密切官民关系、抑制腐败、端正社会风气，具有一定的积极意义。

二、兵农合一，安边之策

湛若水以农为本的理念不仅反映在纯粹的农业上，还反映在他对戍边的态度上。他主张实行以屯田为特征的“兵农合一”的安边政策。在《全翁大全》的《问疑录》中，门人王崇庆向湛若水问道：“古者寓兵于农，此法此意俱善。后世析兵农而二之，于是乎兵民始两困矣！然后世破坏古法，不独兵农，但据所见言耳。崇庆甲申在云中备官守巡，尝见边兵最贫且苦，马既多死，无复补养，食且多缺，不复运输，加之统御者又从而巧取之，而欲国威宣、边鄙宁，如之何其可得也？……先生谓如何？”针对“兵民两困”的问题，湛若水拿出了他一以贯之的“合一”之说来寻找答案，也就是他反复强调的“兵农合一”之策。

湛若水所讲的“兵农合一”之策，是以屯田的形式来实现的。所谓屯田，是指让戍卒或农民、商人垦殖荒地，故有军屯、民屯、商屯之分。而湛若水所讲的屯田属于军屯，即边防屯田。军屯在汉武帝时代就已实施了。湛若水在《格物通·屯田上》中载道：“汉武帝征和四年（公元前89年），桑弘羊与丞相御史奏言：轮台东有溉田五十顷以上，可遣屯田卒，置校尉三人分护，益种五谷。”湛若水对此评价说：“屯田之事，所谓一举而三善集焉者也，足食、足兵而民信矣。桑弘羊计利之臣也，其论‘轮台屯田’一事，司国计者有取焉。”足见，湛若水对汉代的屯田之策是持肯定态度的。而且，他以孔子的“足食、足兵、民信之”来说明屯田的价值。这一说法并不难理解，因为屯田也是种田，是戍边的士兵通过自己在边疆种田来解决自己的生计问题，故称“足食”；屯田的主体是戍边的士兵，是士兵一边种田，一边守边，故称“足兵”；屯田的士兵由于自食其力，可以不用或少用从内地运来的粮来维持生计，可以减轻百姓供养和运粮的负担，自然能获得百姓的拥护和信任，故称“民信之”。

湛若水又在《格物通·屯田下》中指出：“边陲之所需者，兵而已矣；兵之所急者，食而已矣。舍屯田以求足食之道，舍足食而求足兵之策，奚可得哉？”即是说，屯田之法解决了保境安民所必需的足食、足兵的问题。他还指出：“屯田之设，有古兵农之遗法。且耕且守，可以免内挽之劳，可以严外侮之备，农作相励，守望相助，寇敌相保，以实待虚，以逸待劳，安边足用之策，莫此为善者也。”所谓“内挽之劳”，就是将粮食从内地转输到边陲营地所花费的运输成本和劳力成本。通过实行屯田制，既省去了“内挽之劳”，又减轻了内地百姓为养活戍卒而承受的经济负担。同时，在屯田制下，屯田之地不仅是一个兵营，让士兵在这里守卫边土，时刻准备迎击来犯之敌，维护边境的安宁；还是一个社区，让戍边士兵在这里生产生活，相互关心、相互帮助，感受家一般的温暖。因此，屯田是安边足用的最佳良策。

湛若水还将屯田与不屯田相比较，“馈运之劳，孰与坐食之安！闲旷之兵，孰与耕桑之利”！不屯田，意味着戍卒要靠从内地运送粮食来养活，这就必然会产生运送粮食的辛劳；意味着戍卒在无仗可打时除了训练备战外就显得清闲无事，以至于寂寞无聊。屯田，意味着戍卒通过自食其力而实现粮食自给，不再有因运粮不到位致缺粮、断粮的风险，从而有了“坐食之安”；意味着戍卒可以获得“耕桑之利”，在获得种田实惠的同时，还可以充实自己的军旅生活。

湛若水还认为，实行屯田制，也是充分利用自然资源为人类造福的体现。他指出：“善为国者，必因天时，尽地利，不以边荒之地而辍人为之功，废天地自然之利也。”戍卒所在的边陲之地，容易受到战乱的威胁，所以很少有人耕种，因而多属荒地。但这些荒地是可以改造成为农田的，戍卒们可以根据当地的气候条件和土壤属性，选择合适的农作物和种植方式进行耕种，以保障戍边军队粮食的自给。

湛若水不仅主张边疆屯田，而且还主张将屯田推广到其他有“闲地”、“闲田”的地方。唐代陆贽在替唐德宗起草的《冬至大礼大赦制》中说：“朕悯念苍生，务息征讨，频有诏命，许其自新。……其归顺百姓，仍委节度观察使刺史给空闲地，任便安居，优复终身，务令全济。待事平已后，听归本贯。”又说：“诸道有解退官健，州府长吏切务安存，仍量以空闲田地给付。免其差役，任自营生。”陆贽主张将闲地发给归顺百姓、闲田发给解退之官，让他们自行解决自己的生路，这不失为一个好办法。所以，湛若水就此指出：“帝王以好生为德，法天因地以尽利者也。是故闲地授于归顺之民，而民乐其生；闲田授于解退之官，而官遂其性。土膏无遗弃之利，生人无丧贫之叹，王者之政也。”这意味着屯田既使闲置的田地得到了充分的利用，又解决了屯田者的生活问题，是一种比较理想的治国之道。

三、无逸乃逸，不违农时

为了使统治者重视农业，湛若水向统治者提出了“无逸之学”，要求统治者懂得稼穑之艰难，懂得五谷是小民之所依，因而始终保持勤敬之心，切不可放逸自己。同时，统治者要重视农业生产的季节性，切不可在农忙季节去征用农民搞工程。即便是农闲时节，也要考虑清楚工程建设的必要性，切不可轻易搞些劳民伤财又无多大价值的工程。

（一）勤敬之心，无逸之学

《尚书·无逸》曰：“君子所其无逸，先知稼穑之艰难，乃逸，则知小人之依。”这是周公训成王之言。湛若水在《格物通·恤穷上》中认为，周公此训，意味着“四民”之事，唯“稼穑”最为劳苦。而他在《经筵讲章》中，又将周公此训称为“无逸之学”，并对其做了具体的阐释。

一是对“君子所其无逸”的阐释。他认为，人君以敬为所，不敢有懈惰荒宁之心，以至于动静食息、起居语默，无不在此，如居所一样，虽顷刻离之而不可得，这便是“君子所其无逸”。

二是对“稼穑之艰难”的阐释。他认为，农民可谓一年忙到头。“一之日于耜，二之日举趾”，即正月修理农具，二月动脚下田开始春耕。“沾体涂足，手胼足胝，终岁勤动”，即浑身沾满了泥土，手掌足底生满了老茧，常年辛勤劳作。种子播下后，又为苗儿忧心，欲其茁壮成长。苗儿长出后，既望时雨来滋润，又忧雨水过多而致潦灾；既望时旸来沐浴，又忧太阳过烈而致干旱。苗儿长成后，又忧其“不秀”（即不抽穗扬花、不开花）；苗儿“秀”了，又忧其“不实”（即穗不饱满、不结果）。可见，农民之稼穑，艰难万状，难以名言。

三是对“小人之依”的阐释。他指出，“依”是“相并而生”的意思。天下普遍存在着“两物相须并生”现象，如鱼之于水、木之于土、人之于天地之气，皆是如此。鱼有鱼所受的元气，须得水才养得了；木有木所受的元气，须得土才养得了；人有人所受的元气，须得天地之气，方可养得了。五谷也是受天地之气以生，而土得五行之“中气”（即中和之气），故比他物尤能养人，人一日不食谷便会死。这便是“小人之依”的道理。

湛若水指出：人君若能从事于“无逸之学”，则人心不死，天理常存，学问能“缉熙于光明”，即循序渐进而至心明眼亮，故能知“几”（即苗头）如神，独观万化之原，洞察天下之民隐，从而使自己的“勤敬之心”愈益笃切。有了“勤敬之心”，日履安地，便是“至逸”。若不知稼穑之艰难而放逸自己，日履危地，所谓“安其危、利其灾”，实非“真逸”。合而观之，欲知小人之依者，必真知稼穑之艰难，欲知稼穑之艰难者，必实用力于“无逸之学”，乃能真知而行之不息。对于人君来说，所谓“劝农”，即是“先知稼穑之艰难，知小人之依”；所谓“勤学”，即是“无逸之学”。

湛若水在《格物通·恤穷上》中指出，古之人君，对于稼穑艰难，先已晓然于心，故能居上临民，不溺于安逸。因为他知道小民依“稼穑”以生，朝饔夕飧，仰事俯育，皆于此而取给，故凡游田兴作、劳民伤财之事，一概不敢轻举妄动，自然不会去贪图安逸。而后世君主，生于深宫，不知闾阎之疾苦，无怪其为昏为虐，轻弃民财而不知恤民，及“邦本”既拔，而危亡随之，怎能不令人惧怕呢！

（二）不违农时，谷不胜食

农业生产是有季节性的。所谓农时，是指适合从事农作物耕种、收获等农务的时节。湛若水在《格物通》中专作《禁夺时》一卷，以表达不违农时的重要性和夺农时的危害性。

孔子曰：“使民以时。”湛若水将孔子此言作为“治国之要”。春耕、夏耘、秋收之时，凡有兴作，必于农隙之时，方可役民。人君若兴土工，动大众，而不以其时，则妨农害稼，民食不足，则是无“爱民之实”。一旦造成民贫怨生，则虽有城郭之固，也无法守宫室之成、居台池之美，也就不得享其乐。因此，不可轻用民力。

孟子曰：“不违农时，谷不可胜食也。”湛若水解释道：凡兴土工，动大众，能不失其春耕、夏耘、秋收之“时”，则民得尽力于农亩，所入无穷，用之不尽。军国需要五谷，五谷成于农时，故“时”与“君民贫富”密切相关。夺其“时”，是自夺其食。人君若自夺其食，则将何以守国呢？因此，民事不可缓，更何况是违农时呢？

贾谊在《新书·大政上》中提出了“天有常灾，必与夺民时”的观点。湛若水就此评论说：“盖使以时，则力本者得以自尽。故财以时阜，民以财富，而休征（即吉兆）至矣。故天之灾，人能备之，其不能备之者，人之灾也。夫灾莫大于夺农时矣！故虽有九年之水，而民不告病；虽有七年之旱，而民不致饥者，人能备之也。”即是说，“天灾”虽然可能会带来灾荒，但民众可以通过“备荒”来解决，也就是在无灾时就做好防灾荒的准备，因而在灾荒时不至于受疾苦和饥饿的困扰。若是“夺农时”，就会妨碍农业生产，影响粮食收成，从而陷百姓于疾苦和饥饿之中，更无从谈备荒了。

湛若水以赞赏的态度，列举了历史上一大批“不违农时”的君臣。例如，南朝荆州刺史义季外出打猎时碰到一位“老父”正披着草苫耕田，随从的人便驱斥起这位老人。老人曰：“盘于游畋，古人所戒。今阳和布暖，一日不耕，民失其时，奈何以从禽之乐而驱斥老农也？”意即现在正值春和日暖的耕种时节，你们此时在田间来回狩猎，纵情享乐，妨碍我们耕田，反而驱斥起我们，有这个道理吗？义季觉得老人的话在理，一定是个贤者，于是命随从赐给他食物。但老人拒绝说：“大王不夺农时，则境内之民皆饱大王之食，老夫何敢独受大王之赐乎？”湛若水认为：“田间老父因被斥而出正言，戒义季游畋以妨农时，亦其伟矣！及赐之食，又推以广惠于境内之民，若老父者，其有道而隐者与！”

又如，唐高宗曾诏遣崔谧等官员分道向百姓“存问赈给”，御史刘思立上疏指出：今麦秀蚕老，农事方殷，此时派官员抚巡不合适，望待秋季农闲时出使。他的建议得到采纳。湛若水对此评议说："夺时之事，非特行兵工役而已。一巡一游，靡不关系焉。麦秀蚕老，而有巡行存问之举，则其所伤岂小哉？夫以农事方殷，一年衣食之计，一家长幼之望，正切于此。于此时而遣使以存问，则柳宗元所谓'鸡犬为之不宁'，名虽为惠，实则为暴，将以利之，适以害之，所得不能偿其所失矣。"因此，他认为刘思立上疏反对"存问赈给"，乃是其知"以民事为重"的表现。

再如，明仁宗曾谕告户部尚书夏原吉等官员说："农者，生民衣食之原，耕耘收获不可失时。自今一切不急之役，有当用人力者，皆俟农隙。前代盖有不恤农事，而以徭役妨耕作召乱亡者矣，不可不谨！"湛若水高度赞赏仁宗的"仁民之心"。他指出："民者国之本，食者民之心；而农时又衣食之本也。……夫夺其时者，夺其食也；夺其食，伤其心也；伤其心，而民弗叛、国不亡者未之有也。"因此，人君真能慎农时、重民食，才能保国家于无疆。

湛若水还认为，农忙季节固然不能夺农时，但并非农暇时节就可随便驱民为官府服劳役，还必须考虑官府所要兴办的工程是否有必要。例如，春秋时鲁昭公在冬季筑郎囿，季平子欲速成之。叔孙昭子则认为，"速成"会"剿民"而失民心，"无囿"犹可，"无民"则不可。湛若水分析说：昭公在冬季筑郎囿，属"农事之暇"，本合时宜。但叔孙昭子反对筑郎囿的理由不在于其是否在"农时"或"暇时"，而在于"筑囿游观之玩"本身就是无益之役，农闲时的"无益之役"，亦非"圣人之所取"。这也反映了湛若水本人对官府乱设工程来驱使百姓干活说"不"。他希望后之人君能"鉴昭公之过，取昭子之言，念小民之依，悯农事之重，爱养民力，奉若天道"，若能如此，实乃"生民之福、社稷之福"。

第六章
发展工商，本末兼顾

湛若水认为，一个社会要有效运行，则士农工商都不可缺位。因此他希望四民恒业，建立稳定的谋生机制。他虽然强调农业在整个经济结构中的基础地位，但也承认工商业有其不可替代的价值，表现出本末兼顾的倾向。他虽然主张务本抑末，但并非要取缔末业，而是要整顿和规范末业，实现本末有序地发展。

一、四民恒业，各得其养

湛若水以“四民”均不可缺而接受了管子的“四民恒业”观念，从而保持国家经济结构和行业的稳定性，确保四民生活得到可靠的保障。

（一）四民恒业，各谋生路

古代的“民”常与“君”、“官”相对，“君”与“官”之外的“民”包括士民、农民、工民、商民，“四民”是中国古代官府对平民职业的基本分工。古代“四民”之说始于管子，《管子·小匡》说：“士农工商四民者，国之石民也。”意即士、农、工、商是国家的支柱。这里所定下的“士、农、工、商”次序，一直沿用至今，也是封建时代确立“四民”在社会中的身份、地位的重要依据。关于“四民”的职业分工，《汉书·食货志（上）》解释说：“四民有业：学以居位曰士，辟土殖谷曰农，作巧成器曰工，通财鬻货曰商。”

《管子·齐语》记载了管子对士、农、工、商的构想：一是保持四民劳动的空间区隔，即士就闲燕，农就田野，工就官府，商就市井，不可相互杂处。二是保持四民职业的世代延续，即士之子恒为士，农、工、商之子也恒为农、工、商。三是在国都设置四民的行政区划，即将国都分为21个乡，其中工商之乡6个，士乡15个，因国都没有农业而不设农业之乡，这种设置涉及现代城市社会学上所讲的“城市空间结构”问题。

管子的上述四民观，被湛若水收入《格物通·正万民上》中。在管子的上述四民观中，湛若水对职业的世代传承性没有给予回应，但比较认同四民的空间结构设置。他说：“夫先王之处民也，士农工商各有其地，所以专其业也。地一则事专，事专则业专，业专则志定矣，民志定则天下治矣。”由此可见，他之所以认同四民的空间结构设置，是为了使四民的职业专业化。职业的专业化，不仅是要让他们更好地精通业务，更是为了使他们潜心投入自己的职业而无暇去做影响社会稳定的事，从而更好地实现社会治理。

湛若水在《南京兵部参赞事宜疏》中，基于“四民恒业”的社会治理功能，强调要通过一定的手段将城市中的“浮民”（即游手好闲的无业之民）融入四民之中，以解决他们的生活出路和职业归属问题。他指出：“臣观城之中，浮民为众，士不务实学，农不习耕桑，工无定肆，商无定趋，习成散漫，肆为僭越，礼义不作，廉耻不兴，岂人人之性然哉？凡以民业之未定耳。臣愿令民年十五以上，择其材质可教者教之，不尚浮名，务崇实学；其不可教者，使之力耕务本；其无田可耕者，许令为工，且禁勿为滥恶之器以相欺；为商者，必禁伪腾贰价以困居民。如是行之，则人有定业，业有定守，守有定志。令二十五家之中，互相觉察，其有术业不专、游手坐食者，众共规戒之，不听则共告于兵马司官惩究焉。”即是说，“浮民”游离于四民之外，为“士”，又不好好学习；为“农”，又不会种田；为“工”，又在作坊待不住；为“商”，又没个经营方向。总之，“浮民”做什么都不专心，怕吃苦，自由散漫，不安分，易越轨，无礼义廉耻。但并非他们天性就是如此，而是没有找到让其安心稳定的职业。对于此类“浮民”，湛若水主张根据他们的“材质”、条件，并根据士农工商的价值等级，采取相应的教育和引导措施，使其在四民中选择一种能够谋生的职业。适合读书的，就对他们施加教育，使其走“士”之途；不适合读书而家里有田地的，就教他们种田；家里无田地的，就允许他们走“工”之途，但不可造质量低劣的器具；愿意走“商”之路的，就要求他们诚实经营，不可售假贩假、抬价杀价以困害居民。通过将“浮民”引向四民之业，并通过相应的制度去规范他们的谋生行为，使他们专心自己的职业，找到稳定的谋生之路。对于那些不能专心一业，或是游手好闲、啃老的人，大家先要对他规劝告诫，让他走向正途。若是不思悔改，大家可以将他告到兵马司进行惩罚查究。湛若水对解决社会“浮民”问题的构想，对于解决当今社会中出现的好逸恶劳、游手好闲、不思进取、坐享其成的啃老族问题是有一定的启迪意义的。

（二）民分九职，各得其养

古代的四民中，士民是属于从事精神产品生产的知识分子阶层，他们可以通过自己的优秀学识考入仕途，也可以通过教书育人来谋生，还可以通过艺术创作和做买卖来营生，当然还可以成为绅士而在乡村的教化、礼仪、行政和司法等诸多方面发挥作用。与士民从事精神产品的生产和经营不同，农、工、商三民都是从事物质产品的生产和经营的。

古代《周礼·大宰》又将农、工、商三民的职业分为九职：

一曰“三农”，即生产粮食的农民，包括山农、泽农、平地农。其职在“生九谷”，即生产黍、稷、稻、粱、秫、菰、麻、麦、豆9种粮食。

二曰“园圃”，即从事园圃工作的人。其职在“毓草木”，即在田畔种植菜蔬果蓏之类的植物。

三曰“虞衡”，即掌管山林川泽之官。其职在“作山泽之材”，即对经营山泽材木民众的管理。

四曰“薮牧”，即从事畜牧的人。其职在“养蕃鸟兽”，即利用泽地和牧地养殖鸟兽与鱼蛤。

五曰“百工”，即各种手工业者。其职在“饬化八材”，即将珠、象牙、玉、石、木、金、革、羽8种原料加工成各种器物。

六曰“商贾”，即做生意的人，包括行商和坐商。其职在“阜通货贿”，即从事金玉和布帛交易活动。

七曰“嫔妇”，即有德行的妇女。其职在“化治丝枲”，即在家中将丝、枲制作为布帛等产品。

八曰“臣妾”，即经济地位贫贱的男女。其职在“聚敛疏材”，即将可食的百草根实聚敛起来。

九曰“闲民”，即未被授田、无常职事的雇佣工。其职在“转移执事”，即工作转移无定，临时为人雇佣做杂务。

上述“九职”中，前八职是有常职的，而闲民是无常职的。但闲民又不同于浮民，浮民工作怕苦怕累，经常游手好闲；闲民能吃苦，只是没有固定的工作。我国学者吕思勉先生在《先秦史·社会组织》中认为，园圃、虞衡、薮牧、嫔妇、臣妾之职，固皆可包于农业之中。由此推知，“九职”中的“三农”、“园圃”、“虞衡”、“薮牧”、“嫔妇”、“臣妾”之职，属于农民范围，“百工”属于工民范围，“商贾”属于商民范围，而“闲民”既可附着于前八职之中而为八职的人员所雇佣，又可为八职以外有需要的人所雇佣。

丘濬在《大学衍义补·制民之产》中就“九职”的职能发表评论说：“民生天地间，有身则必衣，有口则必食，有父母妻子则必养。既有此身，则必有所职之事，然后可以具衣食之资，而相生相养以为人也。是故一人有一人之职，一人失其职，则一事缺其用，非特其人无以为生，而他人亦无以相资以为生。”这就是说“九职”在社会中是不可缺少的职业，它们为人们的生活和生存提供各种产品（包括物质产品、精神产品和服务），从而可以满足民生的各种需要。湛若水的《格物通》等论著是接着《大学衍义补》讲的，所以他对《大学衍义补》中的“九职”观也是持赞同态度的。他在《格物通·修虞衡上》中赞赏周代先王之时设置“九职”，使得“无一职不得其养，无一民不任其职”。

二、整饬“工”业，生财有道

从古代工部的管辖领域来看，古代的“工”不仅指百工，还包括山泽之民。湛若水要求对百工和山泽之民进行整饬，使百工在俭朴中生财，使山泽之民在合时节、有节度中生财。

（一）工部之设，利“工”生财

“工”在古代无疑是一种正当的职业，为了使这一职业健康发展，古代还专门设立了相应的管理部门和管理职位。周代设立冬官，冬官非一职，既指长官，如“司空”；又指工匠，如《周礼·考工记》载有“轮人为轮”、“凫氏为钟”、“栗氏为量”、“段氏为镈器”、“桃氏为刃”等。按照湛若水在《格物通·六官》中的解释，司空为冬官，“卿”职，“主国空土之事”，“主国之土地，以居士农工商之四民，顺天时以兴地利也”。具体言之，包括“兴地利”、“奠民居”、“制封域（即领地）”、“别丘甸（井田单位）”、“治沟洫”、“设坛壝（即坛场）”、“筑城郭”、“令力役”、“作器物”等职责。

司空一职，在汉代改称“民曹”，为尚书台下属机构；西晋设“起部尚书”，掌工程，完工后撤销；西魏始置“工部司”长官，承司空之事，掌百工之籍，申明禁令；隋朝始设“工部”，置工部尚书，下辖工部、屯田、虞部、水部四司，掌山泽、屯田、营建与工匠之政。湛若水所处的明朝也设立了“工部”，又称工曹、冬曹、司空署。工部除下设司务厅外，还设有4个清吏司：一是营缮司，负责城郭、宫殿、衙署、仓库、王府的住宅、寺庙、陵寝等的修建，并负责工匠和器材的调拨；二是虞衡司，负责山泽湖泊的开发利用，以及陶器、铁器、鼓铸的生产；三是都水司，负责漕运、治河、桥梁修筑，兼管舟车制造、公服织造，以及各种证券、文契、度量衡器的制造与管理；四是屯田司，负责制定屯田政策、组织移民垦荒以及坟墓营造、碑刻制作、征收商税、购运薪炭等事。工部所属还在京城内外设有神木厂、大木厂、黑窑厂、玻璃厂、台基厂5个大厂。因此，湛若水在《格物通·六官》中称明代工部“掌百工、山泽之政令”。无论是百工还是山泽，都与生财有关。而设立工部的目的，就是要使百工能生财而不尚淫巧，使山泽之民能生财而又能使其财源不断。合而言之，就是要使工部所管辖的民众能生财有道。

（二）整饬百工，崇尚俭朴

“百工”是古代各种手工业工匠的总称，在《周礼·考工记》中被视为国之“六职”（即王公、士大夫、百工、商旅、农夫、妇功）之一。《周礼·考工记》以“知者创物，巧者述之守之，世谓之工”，意即“工”具有创造器物的智慧、复制器物的技巧和职业的世代相传3个特点。而且“百工之事”并非低贱的工作，如烁金以为刃，凝土以为器，作车以行陆，作舟以行水，皆是“圣人之所作”。

湛若水在《格物通·饬百工》中认为，百工之事包括土工、金工、石工、木工、兽工、草工、皮工等。他以百工制作的产品的流向分为民间和官府两类。从民间来说，它是“民生日用衣服器械”之所由出；从官府来说，它是“官府享用物品”之所由出。不过，湛若水更关注的是百工为官府制作什么样的物品来满足其需要。他从帝舜命工官“能顺其理而治我百工之事”的训诫中认识到：“盖圣人观象制器，莫不各有自然之理焉，一不顺其理，则‘欲心’生，‘欲心’生必至于侈靡，侈靡则必至于淫巧以荡上心、耗民财，僭逼之祸皆起于此矣。”即是说，百工制器，必须遵循自然规律，以确保其制作的产品既要质量过硬，又要合乎实际需要。绝不能耗费民财去制作奇技淫巧，以惑乱君主的心志，使其沉迷于奢靡生活而不能自拔，以此胁迫君主而招致国家祸乱。故他称奇技淫巧皆是“灭天理，荡人心，乱政治者”。他不仅要求君主制定百工制器规则，还要求君主远离奢靡的游艺消费。他指出：“人君一心，万化之本，天下安危、生民休戚皆由乎此。苟能体认天理于游艺之时，则凡身之所居与夫服饰器用之奉，必不事侈靡尚淫巧以费民财、劳民力，则敛薄役轻，而天下安矣。”君主通过宫廷的理性消费，可以引导百工的经营导向，也能减轻百姓的负担，从而有利于天下的安宁。

湛若水特别强调整饬百工的重要性。他说：“夫百工不饬，则利用不兴；利用不兴，则不可以为国，况天下乎！”至于如何整饬百工，《礼记·月令》有言：“命工师效功，陈祭器，按度程。毋或作为淫巧以荡上心，必功致为上。物勒工名，以考其诚。功有不当，必行其罪，以穷其情。”“工师”即百工之长；“效功”即考核功效；“度程”即格式、标准；“淫巧”谓奢伪怪好；“功致”即功夫细致；“物勒工名”指工匠将自己的名字刻在自己所造器物上。即是说，当百工将诸器制成以后，就命工师按一定标准考核诸器的功效。告诫工匠不得有作过制之巧，以摇动君上滋生奢侈之心，作器不需靡丽华侈，必以功力密致为上。通过将工匠名字刻勒在其所造器物上，以考其诚信与否。若其用材精美，而器不坚固，则功有不当，必行其罪罚，以穷究其诈伪之情。

而整饬百工的一个基本要求，就是要让他们“信度”，即崇奉制器的标准。而要使工匠“信度”，就必须对其严加考核，并将考核的结果与其绩效和报酬挂钩。故湛若水主张对工匠要“日以省之，月以试之”以“呈其能”。其获取饮食粮廪多少，应与其所做事情多少相称，功多则廪厚，功小则饩薄，通过上下浮动，以“偿其劳”。实行这种考核制度，则“事必效能，工必信度，而百工自劝”。同时，“器按度程，功无不当”，“奇技淫巧”也就“举无所容”。

湛若水不仅要求宫廷百工制作器物以经久耐用为标准，反对制作和享用奇技淫巧，而且主张在全社会崇尚俭素之风，抑制淫巧之风。他深信：“淫巧之滋，非生财之道也。夫生财何道也？尚俭素而已矣。是故民朴素，则财用足而风俗美也，于风俗而能反其本焉，天下其有不治哉？”生财之道不在崇尚淫巧，而在崇尚俭素，只有这样，财用才会充足，风俗才会美厚，天下才会大治。

（三）山泽之利，取有时度

人类的生存，并非有了五谷或九谷就足够了，还必须开发山泽资源来丰富人类的物质生活。古代之所以将“山泽之利”单独列出来，是因为它与“田地之利”是不同的。“田地之利”是有明确的所有权、经营权和收益权的，一般是不能随意被别人占有、经营和享用的；而“山泽之利”是没有明确的所有权、经营权和收益权的，当地人甚至外地人都有可能去开发、经营和获取利益。如果没有权威部门实施监管，就会出现过度开发、掠夺，造成公共山泽资源的枯绝。

为了使山泽之利得到合理开发，古代专门设置了虞衡之职。据《周礼》记载，虞衡为天官冢宰的属官，管理山泽和山泽之民。以后分虞、衡二职，掌山泽者谓之虞，掌川林者谓之衡。魏晋时并置虞曹、虞部。明代置虞衡司，掌管山泽、采捕、陶瓷、铁冶、鼓铸等事务。湛若水在《格物通·修虞衡上》中指出，虞衡是帝舜所设的管理山泽之官，帝舜要求只有具备“能顺我山林泽薮、草木鸟兽之性，取之以时，用之以节，使各遂其生，各得其所”的人才能担任此职。湛若水由此指出：“圣人所以育万物，理阴阳，足财用，莫重于虞衡之官。”

湛若水在《格物通·修虞衡上》中以《周易·系辞下》中“作结绳而为网罟，以佃以渔”之说为依据，说明人类开发山泽之利的必要性和可行性。他指出，网罟兴于伏羲，佃于山以取禽兽，渔于泽以取鱼鳖。圣人有“取物之义”，为祭祀（即祭天祭祖）、宾客（即招待宾客）、充庖（即供给食用）而取，不取则非义；圣人有“爱物之仁”，取之有度，若竭山泽而尽取之，则非仁；圣人有“同物之公”，利与民同，若禁其利而不与民同，则非仁非义。

第一，取之以时。湛若水在《格物通·修虞衡上》中指出：“盖物生有时，春夏生长之时也，于此时而山泽无检制焉，则天地之生意遏矣，其何仁之有？故先王立山泽之官而重为之防。”由于动植物大都遵循春生、夏长、秋实、冬藏的规律，所以人类对山泽之中动植物资源的开发利用，也必须按照这一规律进行合乎时节的安排。《礼记·王制》曰：“獭祭鱼，然后虞人入泽梁；豺祭兽，然后田猎；鸠化为鹰，然后设罻罗；草木零落，然后入山林。”湛若水对此具体阐释道：十月之中，獭得鱼，意味着鱼长大了，渔人可以入泽梁取鱼了；九月十月之交，豺得兽，意味着兽长壮了，猎人可以田猎取兽了；八月之时，鸠化为鹰，意味着禽鸟长大了，可以网罗取禽鸟了；十月之时，草木零落，斧斤可以入山林取材木了。只有这样，才能实现孟子所说的“鱼鳖不可胜食”、“材木不可胜用”。

第二，取之有度。湛若水在《格物通·修虞衡上》中以《论语》中“钓而不纲，弋不射宿”为例，说明有节制地利用山泽资源的重要性。所谓“子钓不纲，弋不射宿”，是指用钓竿钓鱼而不用大网捕鱼；用带生丝的箭射飞鸟而不射归巢的鸟。张栻在《癸巳论语解》中说：“钓而不纲，不欲尽物也；弋不射宿，不忍乘危也。”实际上，“子钓不纲，弋不射宿”还包含有这样的意思，即打鱼不用细密大网，以让小鱼从网中逃出继续生长；打猎不射归巢孵雏的禽鸟，以让鸟儿将雏鸟哺养长大。对于网罟来说，必用四寸之目，非四寸之网，不得入聚水之洿池。鱼不满尺，市不得鬻，人不得食，则不至尽洿池而取之，而鱼鳖之多，用之不竭。对于草木来说，春则勾萌，夏则畅茂，苟旦旦而伐之，则生长之意息，必等草木黄落，然后斧斤入山林，以采伐为宫室、器械之用，而不至将拱把粗的尽伐之，则材木之积，取之无穷。这都是为了使自然资源生生不息，从而为人类源源不断地提供生存资源。他反问道："后世乃有竭泽而渔，焚林而狩者，曾是以为仁义乎？"为了眼前的利益，采用杀鸡取卵、竭泽而渔的方式去掠夺自然资源，不仅不合乎仁义，也必将葬送人类的未来。因此，必须对山泽资源取之有时、有度，确保生态的可持续发展。

第三，与民同利。孔子曾说："因民之所利而利之，斯不亦惠而不费乎？"湛若水在《格物通·修虞衡上》中引以说明山泽之利要与民众共享的道理。在他看来，民利用天地自然之利而为服食器用以生，故"利"生于天地，而"力"勤于民。而君对民"惠而不费"，其惠民之道在于"顺天之时，因地之利，撙节爱养，以左右民，使遂其生"。而他强调"与民同利"的一个重要理论依据是孟子所说的"泽梁无禁"。"泽"指潴水之处；"梁"指绝泽畜鱼之堤堰。泽梁之利乃是"天"之生物以利斯民，故不为之禁，让百姓前去取鱼鳖、蠃蛤以谋利。先王于山林川泽之利皆有禁，而所禁者在"时"，而非禁"民之利"。

还有"茶"之利，也是湛若水所留意的。他在《格物通·修虞衡下》中说："茶者，天地自然之利，生人之所日用不可阙者也。人君与之，以利民宜矣。"他不赞成宋太祖的"私卖之禁"，认为它会使民受害。而他赞成宋仁宗"弛其禁使自兴贩"的做法，认为它是"公私两利之至道"。而在山泽之中不仅有动植物之利，还有盐铁之利。湛若水指出："盐铁者，天地自然之利，先王之世与民同之，后世之君铸山煮海，欲以富强于天下。"因此，他不赞成汉安帝"收盐铁"，认为它不符合"公天下之利"；而他赞成汉顺帝"罢郡国盐铁之禁，纵民煮铸"的做法。湛若水反对政府对茶叶、盐铁的垄断经营，支持民间参与茶叶、盐铁的经营，反映了他的商品经济意识。

三、容商恤商，本末有序

湛若水非常重视商业、贸易的价值，不仅重视国内贸易，还重视境外贸易。对于当时官府对商人的盘剥，他提出了平价恤商的改革措施，以图恢复商铺的活力。但他始终不忘农商之间的本末关系，强调发展商业不能以牺牲农业为代价。

（一）立市贸易，各得所资

湛若水肯定四民、九职的存在价值，也就内在地包含了对商的价值的肯定。与商相关的贸易一词，也不时见之于其笔端。如他在《迁修邵阳县儒学记》中说："盍观诸途之人、市之人乎？贸易之微，必曰：'此有天理矣，此无天理矣'。""途之人"即行在路途上的普通人，"市之人"即在市场做生意的人。他们对贸易行业的评价各有各的说法，一说"有天理"，一说"无天理"。而湛若水从心学的视角认为，人皆有天理，天理在人心，不可泯灭，因此贸易虽属卑微之业，但从事此项职业的人同样有天理。这也就肯定了贸易的价值。当然，人们对贸易行业的不同道德评价，也反映了商人中确实有讲天理的，也有不讲天理的。他在《明赠文林郎南京云南道御史默斋田先生配俞氏合葬墓志铭》中，称赞商人田玉"好善乐施，与人贸易，有遭溺者，尽以赀归其家"。"遭溺"是指因生意失败而陷于困境，田玉在生意伙伴遭溺之时，将财货无偿还给人家，以解人之困。这说明湛若水对那些讲天理的商人是持赞赏态度的。

湛若水认同商贸的价值，也与儒家经典倡导有关。《周易·系辞下》曰："日中为市，致天下之民，聚天下之货，交易而退，各得其所。"湛若水在《格物通·抑浮末上》中解释说："夫天下之民不同业，天下之货不同用，立市以相易，则无者有所取，积者有所散，如是而退，各得所资，以安其所，乃所以相济而非相病矣。"通过设市场进行相互交易，可以互通有无，各取所需，各得其所。

湛若水不仅认同商贸的价值，而且还注重民族贸易乃至国际贸易。他在《格物通·马政》中通过介绍开元十五年（727年）允许突厥与唐在西受降城开展互市贸易，赍绢帛就市易战马，既助益于军旅又获得了优质戎马的事例，说明唐朝正因为开启了"市戎马"等贸易，才使其马政"驾秦汉而独盛"，这也是唐朝开元天宝时之所以能出现"海内富实"景象的一个原因。

他还通过介绍洪武三十年（1397年）李景隆赍金符往西蕃以茶易马，分给京卫骑士操养的事例，说明“以茶易马于西蕃”这种交易，可谓“得之不费，而处之有方”。戎人得茶，不能为我害；中国得马，足以为我利。

（二）平价恤商，以苏铺行

湛若水在《南京兵部参赞事宜疏》中指出：“财货百物，民用所资、民心所系，王者之商愿藏于其市者无他，有司无以病之故也。”所谓王者，是指以“王道”治天下的君主。“王道”即圣王之道，是儒家所主张的治国理念，是指符合仁义准则的治国之道。湛若水将“商”称为“王者之商”，体现了“商”在“王道”社会也是一个神圣而不可或缺的职业。而对城市来说，商人通过市场交易，为市民提供了生活必需品，为城市的繁荣稳定做出了重大贡献。因此，城市的管理者不应该为难他们，盘剥他们，而应该创造良好的市场环境去吸引他们，并为他们的生命财产提供有效保护。

明代将城镇中经营商业和手工业的人户称为“铺户”。为了加强对各铺户的管理而成立具有行业协会性质的“铺行”组织，这个“铺行”组织的负责人称为“行头”（又称“铺长”）。据湛若水反映，南京大小衙门，凡百所需，俱从铺户买入。铺户立有“行头”，官府每用一物，必向铺户批牌行取。“铺行”取货入官府时，官府却减估“时价”。有的铺户罄其所有，以支应官府所需；有的铺户因支应不足，不得不称贷增益货物。官价所估，既与时价不同，而官府应付给的“价银”（即按价应付的银两数），铺户又不能及时“领给”。在他看来，设立“铺行”的“行头”，本为户、工等部编审买办丝料等项及为各衙门编审重大纸札等物之用，岂有不善？但有司奉法不良，务于减克时价以为能，又令铺行见纳料物，不与见价，或至数年、十年不得“领给”，铺户最终只好弃之而去。铺行如此累乏，导致十铺九空、倾家荡产，于是人畏之如畏汤火，一次编著，就让铺户“扣地呼天，恸哭不忍闻”，流弊至湛若水之时已达至极。故湛若水批评说：“此与昔人和买之害又何异也？”“和买”在元代时指官府向民间购买物品，是国家出资强制向百姓购买所需之物，属于不等价交换，实质是非赋之赋。湛若水拿元朝不合理的“和买”来比附，以表达对明朝官府这种盘剥铺户做法之不满，认为它不利于商业的发展。于是，他从“恤商”的理念出发，向官府提出“平物价，以苏铺行”的改革主张。

湛若水为了实现其改革主张，亲自为各衙门官制定规约：若有官员买货物公用，只要派本衙的干办人带现银到铺行，参酌时价，当场交易即可；若有官员买货物私用，只要派自己的家人带现银到铺行，参酌时价，当场交易即可。每季地方总甲铺户，将某月某日、某衙门某官买过的某物，呈报参赞守备巡视衙门，以凭转咨部院。湛若水认为，实行此项规约，则“铺行苏息、百货自通，而民用之利”，京师万众不致有“匮败逃离”之忧。至于秤尺斗斛之器，他主张官府一一为之印烙，悬之坊市，以平交易，以通民情。他还向皇上介绍了当时解决“铺行”和“行头”问题的两种观点。一是道变宜民，除去“铺行”，专用“添价现价”招商来贾，就在该部堂上将价银与料物一齐当面交易，则商人争来趋利，而事易成。二是差部司一名廉干官员，带识货的经纪人，照依访时价，前去各物产地收买，亦是现银与料物当时交易，则事易成，弊亦易革，而“行头”亦可除去，以免“斯民水火”之患及“奸徒侵渔”之害。湛若水之所以特意向皇上推荐这两种观点，是觉得它们都有一定的好处，但他自己无权定夺，必须由皇上去定夺。不过，按照他在《初任参赞机务南京兵部尚书告示》中的说法，他还是主张保留“铺行”和“行头”的，只是要求对两者有所限制，使其不再沦为官府侵害铺户利益的帮凶。而他所讲的“苏铺行”，并非指复苏“铺行”组织，而是要通过保护各铺户的利益来推动铺户所经营的行业复苏。

湛若水从恤商出发提出“平物价，以苏铺行”的改革主张，虽然由于当时政治的腐败而无法彻底实行，也没有从根本上否定落后的封建经济制度，但他确实对商人遭受的剥削与压迫深表同情，希望通过改革来为商户的发展创造良好的经济环境，这对于推动明代资本主义萌芽的发展是具有一定的积极意义的。

（三）抑末务本，本末有序

湛若水的上述四民观和“利工恤商”理念，反映了他对四民的价值是持肯定态度的。他认为，一个理想的社会，应该是保障四民都能获得发展的社会。所以，他在《义泽桥记》中赞赏安徽歙县富商汪钰出资修建“义泽桥”而方便四民的义举，认为此桥建成后，“士利于游，农利于耕，工利于器，商利于货”。他又在《贺督府大司马中丞半洲公蔡先生平安南序》中对蔡经（号半洲）采取“恩威并行”的方式降服安南陪臣登庸果的智慧深表赞叹。他认为这样做的效果是“朝廷重矣，中国尊矣。于是老臣举手加额欢贺于家，军士相与欢贺于营，士庶相与欢贺于学，商旅相与欢贺于途，百工相与欢贺于肆，耕农相与欢贺于野，大夫相与欢贺于公府”。透过湛若水对汪钰出资修建义泽桥和蔡经降服登庸果造福于四民的赞赏态度，表明他是肯定四民的价值的。

不过，湛若水又根据四民在国家经济和社会中的价值和地位的不同，按士、农、工、商的顺序来排列。他在《格物通·劝课》中指出：“先王制四民之序，农次于士，而先于商贾，所以重农也。夫国之贫富兴衰，视其本末分数而已。务本者多，虽欲无富，不可得也；逐末者多，虽欲无贫，不可得也。”即是说，在国民经济中，农为本，商为末。务本的人多，国家才会富裕兴旺；逐末的人多，国家就会贫穷衰落。在湛若水看来，“本”固然重要，但“末”并非可有可无，而是也不可少。农与商之间的本末关系，不是要重本轻末，更不是要崇本舍末，而是要“本”与“末”的“分数”（即比重）合理，也就是从事农业生产的农民人数应高于从事商业经营的商民人数。为了实现本末有序，他主张实行务本抑末的经济政策。在实施务本抑末的手段上，他提出了以下措施：

第一，设置交易时限。他在《格物通·抑浮末上》中指出：“逐末之商多，则务本之农少。圣王有以为之制，交易有时，其退有节，所以止而抑之者，禁其舍本而务末，登垄罔利者也。不抑则人心竞趋于利，而务本者寡矣。抑之使归于农，则财恒足矣，奚以逐末为哉！”设置市场交易时限，就是要让在特定时间完成交易的生意人，回到乡村继续务农，而不是留在城市或市场成为全职商人。

第二，实行市廛之法。他在《格物通·禁夺时》中指出：“夫财出于民，而农务为本。……然则逐末之流争刀锥、竞淫巧，不亦徒弃农民之功、罢百姓之力而匮天下之财乎？故市廛之法，抑其末而使务本也。”所谓市廛之法，就是对在城市做生意者的市宅而非其货物进行征税。通过对市宅征税，增加在城市做生意者的经营成本，以迫使一部分做生意者转向“本”业。面对“末”业向“本”业争夺人力资源日趋激烈的市场竞争环境，他并不提倡对“末”业采取行政手段去强行取缔，而是主张通过经济手段——“市廛之法”去实施调控，目的就是为了建立本末有序的经济秩序。

第三，理财重物轻钱。韩愈曾在《钱重物轻状》中对现实中“钱重物轻”的价值观提出了批评，并提出了“在物土贡”（即以谷米布帛纳租赋）、“在塞其隙，无使之泄”（即限制金钱的流通范围）、“更其文贵之”（即铸价值高于旧钱五倍的新钱同时流通）、“扶其病，使法必立”（即用新钱支付俸禄）4项救治措施。湛若水在《格物通·抑浮末下》中对韩愈的观点深表赞同。他指出：“盖五谷布帛非可与钱比，而钱顾有以重之，是乃率其‘本轻’者而易夫‘至重’，则宜乎天下不能生活，而生理为之穷绝也。况夫布帛谷米之在天下，犹夫水火不可一朝而无，而钱之为用，所以为此而设也。今使之卖布帛谷米以输钱于官，是物何贱而钱何贵也。故韩愈之意……钱不得以重而谷米布帛不得以轻也。其‘抑末崇本’之意至切矣。”“物”与“农”相关，应是“至重”者；“钱”与“商”相关，应是“本轻”者。湛若水希望重温韩愈的观点来引导社会“贵五谷而贱金玉”，使百姓过上“乐利”生活。

第四，抑制侈靡生活。他认为，社会之所以出现“逐末”现象，与官府崇尚“侈靡”生活有关。由于后世社会“以侈靡相尚，贱五谷而贵金玉”，导致“风俗日偷，民生日困”。故他主张“明王”应该“制民之产，百亩之田，勿夺其时，五亩之宅，树之以桑，而又饮食衣服宫室器用各有检制，不得僭越”，合乎“重本抑末之道”。若君主改变侈靡的生活方式，限制奢侈物品进入宫廷，则“逐末”者经营的奢侈物品就失去了销路，也就不得不转向“本”业，以促进农业的发展。

当然，“农本商末”的观念并非湛若水所独有，而是中国古代儒家的普遍观念。而且，“农本商末”也是中国传统社会的一项基本国策。

第七章 损上益下，为民减负

“损上益下”在国家政策层面上就是要减少政府对百姓的索取，为百姓减轻经济负担。在政府与百姓之间存在着国民收入分配上的利益冲突的情况下，湛若水主张通过政府减免租税、薄征赋敛来为百姓增加利益，通过政府自身的节俭来珍惜民脂民膏。

一、损上益下，官民两益

“损”与“益”本为《周易》中前后相连的两卦。《周易》中有“损：有孚，元吉，无咎可贞，利有攸往”之说。湛若水在《格物通·薄敛上》中对此解释道：“损之为卦，艮上兑下，兑泽益深，艮山益高，为损下益上之义，故曰损。……凡阳为有余，阴为不足，损上而益于下，则为益；取下而益于上，则为损。”即是说，“损”意为减损、减杀，“益”意为增益、增加。“艮”在上，为阳卦，为山，为有余；“兑”在下，为阴卦，为泽，为不足。取“上”之“有余”来补“下”之“不足”，就会趋于平衡、稳定而持久，故使上下均受益；取“下”之“不足”来补“上”之“有余”，就会高者愈高，以致摇摇欲坠而危亡，故使上下均受损。

从政治的层面来说，“上”是指上层统治者，“下”是指下层百姓，“损”与“益”体现了上层统治者与下层百姓之间的利益博弈关系，而这种利益博弈的主动权则掌握在上层统治者手里。一方面，“损”与“益”作为一种政治行为，反映了上层统治者对下层百姓究竟是采取“损上”还是“损下”的形式。另一方面，“损”与“益”作为一种政治结果，表现出上层统治者采取“损上”还是“损下”形式所得到的回报。故湛若水就此指出：“在人上者，施泽以及下，则益也；取下以自厚，则损也。”“施泽以及下”即是损上益下，统治者所获得的回报则是“益”；“取下以自厚”即是损下益上，统治者所获得的回报则是“损”。损下益上虽然使统治者获益，但其所获得的益是属于眼前利益，而其所遭受的损是对长远利益的损害，因为损下益上必然会导致统治者利益与百姓利益相冲突，引发百姓的不满和反抗，必然会牺牲统治者的长远利益。损上益下虽然使统治者利益有所损，但其所遭受的损是对眼前利益的损害，而其所获得的益是长远利益，因为损上益下使百姓受益，故能得到百姓的拥护和支持，有利于统治政权的长治久安。因此，湛若水在《格物通·恤穷下》中指出：“损下益上，益也，而谓之损；损上益下，损也，而谓之益。”这就要求统治者把眼光放在长远利益上，不能仅仅计较眼前利益。

湛若水从“君民一体”的高度来审视损上益下的重要性。他在《格物通·薄敛下》中说：“损下则上下俱损，益下则上下俱益，君民一体，而贫富岂容二致耶！”“君民一体”意味着百姓利益与君主利益的一致性，但这是只能建立在损上益下的前提下的一致性。

湛若水在强调统治者应奉行损上益下原则的同时，也不得不承认统治者损下益上的适度合理性，只是他要求将“损下”与“有孚”、“有度”联系在一起。他在《格物通·薄敛上》中说：“有孚者，谓损之道，诚信而顺于理也。当损而损，则有孚，而在下者亦诚心应上而无疑，故元吉。夫民可损也，不可过也。不损则国无所资，过则伤民矣，斟酌其当损之宜，顺天理合人心而有孚焉。上下俱足而敛不横，大吉而无咎也，如是则可贞。……彼厚敛以征民则妄矣，妄则有咎矣，岂可以谓之元吉，可以贞，可以利有攸往哉？”国家行政机构的运作和公共事业的开展，都需要庞大的财政开支，而官府自身是无法提供这些财政经费的，这就必须要从百姓中筹集，因此，“损下”是不可避免的。但“损下”应该是建立在政府的合理需要与百姓的合理负担相一致的前提下的，从而在政府与百姓之间建立起“诚信”关系。

这种“诚信”、“顺理”的要求，主要表现为政府向百姓征收金钱财物时，必须是合理的、透明的，是百姓所知晓的、所愿接受的，只有这样，才算得上是“有孚”，才能“大吉大利”。反之，如果政府向百姓征收金钱财物不明不白，苛捐杂税多如牛毛，弄得民不聊生，那就是“妄”，即不法、胡作非为，其结果必然是“有咎”，即灾祸临头。因此，政府在经济上对百姓既不能“无损”，又不能“过损”，而是要“损之有度”，不能让百姓受到伤筋动骨的伤害。

湛若水认为，损上益下不仅表现在政府减少对百姓的索取上，还表现在政府对百姓的施惠上。例如，他在《请复快船月粮以除帮甲困苦疏》中就南京兵部管理马船的甲夫照旧支有月粮，而管理快船的甲夫则没有月粮，导致快船帮甲愁苦不堪的弊端，主张政府恢复快船旧例月粮以稍舒帮甲之困苦。他认为，政府所付的“小费”是朝廷之“财用”，而政府所获的“大得”是朝廷之“人心”。因此，损上益下的好处在于朝廷付“小费”而获“大得”，即“散财以得人”，从而达到“收养人心固根本，以求亿万年无疆之休”的功效。

湛若水以损上益下的理论为依据，提倡统治者实行“蠲租”、“薄敛”、“省国费”等“损上”政策和“恤穷”、“赈济”等“益下”政策，从而减轻百姓的负担，消除百姓的疾苦。

二、减免租税，薄征赋敛

人类要生存，就必须有生存资源，湛若水将人类的生存资源归结为“利”。他在《格物通·蠲租》中指出：“夫利者，天之所生，百物之所为，与天下共之布之可也，专之则私其有也。……夫专利者，人之所怨也，天下之怨归之，大难将至矣。为人君者，其轻赋、薄敛、蠲租以兴民可也，其可专利而敛怨，以自及于难哉！”所谓利，就是指财利，亦即人类赖以生存的资源。这种“利”是大自然恩赐给人类的共同财富，必须将它散布于天下，让天下人共同享有、共同享用，而不能为少数人所专有、所独享，否则就会招致天下人的怨愤，从而为这些“专有”、“独享”者敲响丧钟。统治者只有对百姓采取“轻赋”、“薄敛”、“蠲租”的政策，才能赢得百姓的拥护。

（一）蠲除租税，落实政策

所谓蠲租，即是免除租税。《礼记·王制》曰：“古者公田藉而不税，市廛而不税，关讥而不征，林麓川泽以时入而不禁，夫圭田无征。”湛若水在《格物通·蠲租》中以此来说明蠲租的表现形式。“藉而不税”是指借民力助耕公田，就不得向民所自治的私田征税。“廛而不税”是指只对商人市物停物所使用的公家店铺收取房租，而不对其在市场所卖货物征税。“讥而不征”是指对穿异服说异言的商旅之物只稽查，而不对其往来之货征税。“时入而不禁”是指对民众按时节入山林泽梁采伐渔猎不加禁止，以与民共利。“圭田无征”是指治卿大夫的禄外之田不予征税，以厚待贤才。其中“藉”、“廛”、“以时入”，属于“取”；“不税”、“不征”、“不禁”，属于“蠲”。“取”的原则在于“义”，“蠲”的原则在于“仁”。

湛若水从“君民一体”和“藏富于民”的观点出发揭示蠲租的重要性。他在《格物通·蠲租》中说：“天下之财，不在国则在民，与其藏富于国，宁藏富于民。”蠲租意味着将财富藏于百姓之中，这种得民心之举，最终也使国家受益。为此，湛若水引入汉武帝时左内史儿宽为政时减免租税而终为国家收获更多租税的故事作为证验。儿宽征收租税时，“与民相假贷”，以故“租多不入”。意即遇贫弱之家及农忙之时，不立即征收，结果许多租子收不上来。后有军事远征，儿宽以“负租课殿”，即因亏欠租税考核为下等，本当免职。但民众闻其要被免职，皆恐失去这样的好官，于是，大家牛车，小家担负，主动输租，络绎不绝。结果“课更以最”，即考核改为上等。湛若水认为，“租多不入”看似“国计若亏”，但最终带来百姓“输租不绝”，则又“何其有余”！而这也明验了“藏富于民”、“百姓足君孰与不足”的道理。

湛若水又从民为邦本、农为国本的观点出发揭示蠲租的重要性。他指出：“蠲租，所以劝农事也；劝农，所以重国本也。”故他对汉文帝“亲率群臣农以劝之”并“赐天下民今年田租之半”之举赞赏有加，称其劝农蠲租之诏，实惠及于民，而且这也足以解释当时国家富庶的成因。他又指出：

“国家之所系，租赋为轻，民为重，有民则有赋矣，有赋则有国矣。”故他对唐太宗以山东大旱而下赈恤之诏并免当年租赋之举大加赞赏，将此举称为“爱民之至”，并称正因为唐太宗有这样的爱民行为，才成就了“贞观之治”。他也因此批评后世“闻民之愁叹而不加恤”的君主，对比唐太宗的做法，怎能“无愧”乎？

湛若水还以唐玄宗和唐肃宗为例来揭示蠲租的价值。他赞赏玄宗在开元天宝年间的“屡赦田租”之举，却又为玄宗后来“骄于佚乐，烦费倍兴，向之蠲之于屡年者，一时取之殆尽”，由此引发安史之乱的悲剧而感到惋惜。他又为肃宗在安史之乱后实行“租庸三分蠲一”的政策点赞，指出“禄山之乱，民穷财尽，天下萧然，不能聊生矣。租庸之蠲，实续民命”。正因为肃宗采取了惠民政策，迎合了“百姓喁喁以望更生之福”的心愿，由此带来了“一时舞蹈之欢”，迎来了“中兴之业”。通过将肃宗乾元年间的“蠲租”与玄宗天宝末年的“烦费”所带来的不同结果相对照，就可以看出蠲租对构建美好社会的重要性。

湛若水还提出了“蠲租，仁政也”的观点，并分析了不能将这样的“仁政”贯彻于一个朝代的始终的原因。他指出：“每闻于创业之始，而不多见于守成之时，何耶？岂创业之始用省于守成，而守成之后用反费于创业之时邪？节与不节，丰俭之道殊，而敬肆之心异尔。夫侈用生于欲，欲生于逸，逸生于无忧，无忧则情胜欲动，惟日不足矣，尚何望蠲租之惠及于民邪？”意即创业之帝王目睹前朝因纵欲享乐、横征暴敛而招致灭亡的教训，往往能节制欲望、蠲租为民，朝“仁政”方向运行。守成之帝王已远离前朝，对前朝灭亡的教训体会不深，又继承了创业帝王为其积攒起来的基业，再加上本朝政权的运作已进入相对稳定时期，忧患意识也就不强，享受意识日渐浓厚，为了满足其享乐的需要，就不得不将贪婪的黑手伸向百姓的口袋，租税也就随之加重，苛政、暴政也就显现出来了。

湛若水也认识到，历史上不少“兴利之臣”采取征敛方式来解决政府财政危机，但却往往将统治政权引向危险的境地。例如，唐穆宗长庆二年（822年），户部侍郎判度支张平叔奏征收36年前的“逋负”（即拖欠赋税），江州刺史李渤上言在今大旱之年征收“逋负”不合适。穆宗接受了李渤的谏言，下诏悉免之。湛若水就此指出："自古兴利之臣急于征敛，莫不以其忠于君，而不知其不忠之大者也，莫不以其益于国，而不知其病国之大者也。盖征敛则民怨，民怨则国本危矣。于国果为益，于君果为忠乎？"因此，他反对张平叔那样的聚敛之臣，而赞赏李渤那样的君子之臣。因为，前者看似忠诚，却易给国家带来祸患；后者主张以免税保民，才是好的治国之道，因而是真正的忠臣。

湛若水还注意到在统治者实行蠲免政策的过程中存在名实不一致的问题。宋高宗放免绍兴二年（1132年）的秋夏二税及役钱一料，但税未及蠲除而征之愈急，遂致百姓转而痛苦怨咨。湛若水对此评论说："上有蠲免之名，而下不被蠲免之实，遂使人君之令不足以取信于天下，无信不立，是又甚于乏食以死矣。"政府在"蠲免"上不讲信用，自贼元气，造成"宋业之衰"，应引以为鉴！宋儒杨时曾上陈广济军"放税降官"，而视"蠲除租税"诏令为虚文，致使百姓流亡为盗。湛若水就此评议说："蠲租之道，所以慰安土之民，使不至流亡为盗也。必仁以行之，信以成之，然后可以有济也。若夫蠲除租税，仁矣，而以放税降官，可谓信乎？"统治者在蠲租问题上言行不一，不但不能慰藉安土之民，反而把民众推向流亡为盗的境地。

湛若水就历史上统治者在蠲租问题上存在的信用问题总结道："夫汉文帝时，或赐民田租之半，或尽除之。唐宋诸君亦多行焉，然有名而无实者往往而是，或先期而取盈，或已征而报免，或黄放而白催，上有虚名，民无实惠，则亦何益之有哉？"故他希望统治者将蠲租政策落到实处，真正给民众带来实惠。

（二）薄征赋敛，以厚其民

《尚书·禹贡》有"厥赋贞"之说，湛若水在《格物通·薄敛上》中解释道：君天下者应以"薄赋"为正。《周礼·大宰》将赋分为9种，故称"九赋"。湛若水解释道：一曰邦中之赋，即向国都之民征赋；二曰四郊之赋，即向远郊百里内之民征赋；三曰邦甸之赋，即向百里外二百里内之民征赋；四曰家削之赋，即向大夫采地外公邑之民征赋；五曰邦县之赋，即向四百里公邑之民征赋；六曰郊都之赋，即向五百里公邑之民征赋；七曰关市之赋，即向商贾征赋；八曰山泽之赋，即向山泽之民征赋；九曰币余之赋，即向织币之民征赋。前六赋与田地有关，属于农业之赋。而关市、山泽和币余之赋，特言以“末作”，当属“增赋”。湛若水评议说：“夫圣人之治天下，不能无取于民，而因地异制以为厚薄，惟恐横暴之及焉，所以厚其民者至矣。至于关市、山泽、币余必增赋者，所以抑其逐末而使之知务本也，仁之至义之尽矣。”“九赋”有厚薄，前六赋与“农之本”相关，应“薄”；后三赋与“工商之末”相关，应“厚”。通过“赋”这一经济杠杆来引导人们由“逐末”转向“务本”，确保粮食充足。同时制定“九赋”的不同标准，增加“征赋”的透明度，以避免统治者走向横征暴敛的苛政。

湛若水也是从君民一体的观点出发来揭示薄敛的重要性。他指出，既然知道“宇宙一体”、“君民一体”，则君主就应该爱民而不伤民。爱民而无所不至，岂能忍心重敛以自残！

《中庸》有“时使薄敛，所以劝百姓也”之说。湛若水在《格物通·薄敛上》中解释，“时使薄敛”是《中庸》所言治理天下国家的“九经”之一。“使”即力役之征，“敛”即粟米之征，两者皆为有国者所不能免。“使”之以“时”而不用尽其力，“敛”之从“薄”而不竭其利，则百姓岂有不劝之理？“时使”则不急之工停息，“薄敛”则无义之征停止，则民财可裕而民用充足，如是则百姓享其饱食暖衣之乐，遂其乐生兴事之业。但薄敛当自节用始，节用当自恭俭始，故“九经”以修身为先。

刘向在《说苑·政理》中引孔子之言说：“薄赋敛则民富……未见子富而父母贫者也。”意即君对民实行“薄赋敛”政策，看似把自己变“贫”了，但其作为民之父母，民变富了，君自然也富了。湛若水在《格物通·薄敛下》中从君与民“一体相因”的观点出发，指出“民富且寿，君岂有独贫之理哉？民贫且死，君岂有独富之理哉？……薄其税敛，则万邦惟正之供，亦犹子弟有余，而奉养于父母者无不足矣”。故他将孔子此言称为值得“万世人君之龟鉴”。

农业社会以田赋为国家财政收入的主要来源。那么，赋税的征收标准是什么呢？湛若水探讨了古代赋税的发展过程并提出了他理想中的赋税征收标准。他介绍说：夏时一夫受田50亩，而每夫计其5亩之入以为贡。商人始为井田之制，中为公田，外八家皆私田，但借其力以助耕公田，不复税其私田。周因商之制，一夫受田百亩，“乡遂”（即王畿郊内之乡、郊外之遂）用“贡法”，即贡赋之法；“都鄙”（即公卿、大夫、王子弟的采邑、封地）用“助法”，即借民力助耕公田之法。八家同井，耕则通力合作，收则计亩均分，故谓之“彻”。夏商周三代赋税之法，其名与制虽不同，而“什分而取其一”则同。“什分而取其一”简称“什一”，是指征缴的数额相当于收入的十分之一。湛若水指出：“夫什一，天下之中正也，三代行之而用以充，后世倍之而财不足。然则其足与不足，不系于取民之厚薄矣。”即是说，“什一”制是最为适中、最为合理的赋税制度。三代依此制而行，则财用充足，后世不依此制而行，则财用不足。财用充足还是不足，与向民征取赋税的厚薄没有太大关系。而他的言外之意是，少于“什一”，政府财用当然不足；多于“什一”，看似政府财用提高了，但百姓负担加重了，影响百姓的生产与生活，由此导致政府后续财用的减少。

湛若水以“十一税”为标准，对高者和低者都有微词。《春秋·宣公十五年》载有“初税亩”。湛若水解释道：鲁宣公当鲁国水旱相仍、国用空乏之时，乃废井彻之法而为税亩之制，以公田之入为薄，遂变私田之税。具体方法是：公田之法，十取其一；对于私田，复十取其一。到鲁哀公时，田赋十取其二犹嫌不足。因此，“初税亩”一直为人所诟病，湛若水也不以为然。汉光武帝以“三十税一”为“常制”，而以“十一税”为“权”。湛若水认为，“三十税一”看似取于民甚轻，但实际上“民困愈甚”，因为“三十税一”既然无法满足政府的正常财用，那就必然会迫使执行者去巧立名目，在税制之外寻找财源，使得“额外之征”数倍于常制之税，从而加重百姓的负担。因此，他主张“薄敛”也应有度，不是越薄越好。

唐初的赋敛之法曰“租庸调”，以人丁为依据，有田则有租，有身则有庸，有户则有调。湛若水在《格物通·薄敛下》中解释道：租者，粟米之征；调者，布缕之征；庸者，力役之征。丰年则取之，凶年则损之，民不困于索求。因此，他对唐初的租庸调法给予了肯定的评价，称其虽非皆古之制，而亦古之遗意；虽不及三代，然亦取之有制，民未称病。唐代中期，因土地兼并加剧，租庸调法日渐荒废，朝廷财政收入因而锐减，于是唐德宗采纳宰相杨炎建议，始行“两税法”，即取消租庸调及杂税、杂徭，一律改为征收地租、户税，地租征收谷物，户税纳钱。每年分夏、秋两季征收，夏税于六月前征收，秋税于十一月前征收。不过，湛若水对两税法的流弊提出了批评，指出“德宗用之以赦天下，悉除新旧，征科色目，孰不以为宽也，殊不知法愈烦，而病民终不免于流弊”。他还批评德宗对商人的盘剥，指出其嗜利而税于民已达极点，又为宫市索取“脚钱”（即搬运费）以困商民，商民实在受不了！

湛若水对统治者的厚敛之策深恶痛绝。他说：“重役厚敛，怨之府也。”他引用孟子“天时不如地利，地利不如人和”之论指出：“民怨则不和，虽有天时地利，何足恃乎？是故为国之本在人和，人和之实在省赋。”他对孔子的“苛政猛于虎”之论深有所悟，指出：“民宁居于猛虎之区，而不适苛政之地，是则虎之猛不如政之苛，而人畏苛政有甚于虎也，何也？虎之害人有时而可避，而政之剥削无地而可逃也，故曰苛政猛于虎。然则仁恩及民者谓之驺虞（即仁兽），苛政迫人者谓之猛虎，人君其可不薄敛以聚民乎？”因此，他诫告当朝君王：“出赋之民，吾君之赤子也；苛政之官，吾君之猛虎也。诚爱赤子，其毋养虎以伤之也哉！”意即，一个明智的君主，应该爱纳税之民，而不应该养苛政之官。

当人们习惯指责盗贼、反叛之不是时，湛若水却在思考人们为盗贼、反叛的深层原因。唐懿宗时，薛调上书称：“兵兴以来，赋敛无度，所在群盗，半是逃户，固须翦灭，亦可闵伤。望敕州县税外毋得科率，仍敕长吏严加纠察。”湛若水评议说：“自古盗贼之生，起于赋敛之重，及其为害也，乃从而翦灭之，不知兵愈繁而敛愈急，敛愈急而盗愈滋，灭于东而生于西，奈之何不展转以亡也。”薛调虽然找到了盗贼生起的原因，却未找到解决问题的办法，只令州县禁税外之科率（即临时性赋税），是犹如“放饭流歠而问无齿决”，即在尊长者面前大吃猛喝却又讲求不要用牙齿啃干肉，可谓不识大体，自然无济于事。而湛若水认为，只有尽除横暴之敛，加赒恤之仁，招叛亡之众，才能从根本上制止盗贼的产生。他在对明孝宗的薄敛政策给予积极评价的同时，又引用陆贽的“财者民之心”、黄庭坚的“民膏民脂”之说指出：“夫刲其心，食其膏，而民不叛者，未之有也。”意即若要使民不反叛，就必须实行薄敛政策。

三、崇俭戒奢，以省国费

湛若水在《格物通·抑浮末下》中说："天地之间，其所产有限，故剥下则归上，损上则益下。俗奢则财散，民俭则财聚，聚散损益者，乘除之数也。"无论君主还是百姓，所消费的都是自然界所能提供的有限资源、有限财利。既然整个社会所能享用的财利有限，那么上层统治者享用的资源多了，下层百姓享用的资源就少了；反之，上层统治者享用的资源少了，下层百姓享用的资源就多了。而在君主专制社会，往往是统治者享用的资源偏多，导致百姓享用的资源不足，引发百姓的不满。因此，湛若水在《格物通》的《抑浮末》、《省国费》等卷中反复强调统治者只有奉行损上益下的原则，节省国费，才能解决百姓不足的问题。

（一）奢侈淫巧，危亡之本

湛若水在《抑浮末》中提出"奢侈者，危亡之本"之说，并从历代王朝的兴亡更替的史实中揭示这一道理。

《韩非子·喻老》载：商纣为象箸。叔父箕子认为：用象箸必不加于土铏，必将用犀、玉之杯；象箸玉杯，必不羹菽藿，则必用旄象豹胎；旄象豹胎，必不衣而食于茅屋之下，而是锦衣九重，广室高台。象箸即象牙筷子，土铏即陶制碗具，菽藿即简陋食物，旄象豹胎即牦牛、大象、豹子的胎儿，短褐即粗布衣服。箕子发现商纣开始追求奢侈生活，预感到由此将带来的亡国后果，故感到恐惧。过了5年，纣为肉圃，设炮烙，登糟邱，临酒池，遂以灭亡。故湛若水在《格物通·抑浮末中》中以"象箸玉杯，纣竟亡殷"提醒人君应防微杜渐，不可追求奢侈生活。

汉昭武帝刘聪穷奢极欲，不顾民之疾苦，百姓纷纷起来造反，后因骄昏而亡。故湛若水在《格物通·省国费二》中指出："同一财也，散之于下，则为兆民之命，聚之于营作，则供一人之欲而已。一人之欲无穷，兆民之命有限，几何而不怨以叛乎！"是为万民着想，还是独自享乐，事关统治者的前途命运。

北魏宣武帝剥天下民之膏脂，大修佛寺，极土木偶之文采，结果失去民心而致乱。故湛若水在《格物通·抑浮末中》中批评说：“（魏君）不知得为天子者，由于丘民，而不由于土木偶也；失天下之心，由于剥民之财，而不由于佛寺之不修也。魏业之浸衰以乱，岂无自哉！”从宣武帝沉迷佛寺，崇尚淫巧，就不难看出北魏的灭亡是自然而然的事。

湛若水也列举了一些帝王早期节俭而后来沉迷奢侈，导致国家衰乱的教训。梁武帝初立时，即下令禁绝先朝之浮费，说明他稍知节用爱民。然而旋踵，就舍身倾国以奉浮屠，而不再恤民之穷。故湛若水在《格物通·省国费二》中指出：“拨乱反正者，必先去奢从俭，然后民安国富，而天下可得而保也。”遗憾的是，梁武帝没有将“去奢”进行到底，造成四海困穷，天禄永终，可不鉴哉！

唐玄宗曾令有司将乘舆服御、金银器玩销毁以供军国之用，禁采珠玉、织锦绣，刻厉节俭，虽有善可陈，但后又遣御史访珍异于南方，卒以奢败。所以湛若水在《格物通·抑浮末中》中说玄宗崇俭去奢并非“实心”，所示之“朴”出于“矫情”而非“实德”。特别是玄宗“穷口腹之欲”，贵戚趋而媚之，竞相以进食相尚，水陆珍馐数千盘，一盘废中人十家之产。故湛若水批评说：“其费非从天而下也，不在官则在民尔。”他还在《格物通·省国费三》中感叹道：“自古疆域之广莫过于唐，至开元时海内安富，行万里者不持寸兵，供亿不烦，可谓盛矣！使帝清心寡欲，不至侈费，而后人继之，唐虽至今犹存可也。奈何侈欲一萌，而边将益兵，供亿十倍，日益月盛，公私劳费，而民困始极。及渔阳倡乱，父子颠越，自是纷纷多事，而帝以忧殂。子孙曾玄，疲于奔命，以至河北陆沉，沙陀囊括，其祸皆玄宗始之也。”意即唐朝疆域之广为历代之最，但正是唐玄宗的侈欲作祟，给百姓带来极度贫困，最终导致安史之乱的发生和唐朝版图的缩小。

那么，统治者为什么会沉迷于奢侈生活呢？湛若水对此做了以下分析：

一是“胜心”的作用。北周高祖克齐之后，雕斫之物并赐贫民，缮造之宜务从卑朴。司马光称赞说：“他人胜则益骄，高祖胜而益俭。”而湛若水在《格物通·抑浮末中》中则谓：“骄生于胜，而害胜者莫甚于骄，何也？

夫胜心生则无忧，无忧则纵欲，纵欲则惟知己乐之遂，而不知天下之可忧。人君之欲至于知有己，而以天下奉一人，其民不亦毒乎！”人的好胜心得到满足后，就会产生骄傲的心理，又觉得从此高枕无忧而放松自己，于是就放纵自己的欲望，追求一己之快乐，并搜求天下资源来满足自己的奢侈生活，从而使天下百姓深受其苦。

二是心蛊的作用。汉灵帝作罼圭灵昆苑，因司徒杨赐之谏而欲止役，但又为任芝、乐松二臣所怂恿，不恤民食而为之，终遭人怨天谴。湛若水在《格物通·省国费二》中认为，汉灵帝崇侈纵奢而不恤民食，与其心之“素蛊”（即素有惑疾）有关，二臣只是“巧中其欲”罢了。

三是“迷信”的作用。北魏文成帝从道士寇谦之言，欲作能上接天神、不闻鸡犬的静轮宫。太子晃谏曰：“天人道殊，卑高定分，不可相接，理在必然。今虚耗府库，疲弊百姓，为无益之事，将安用之？”可惜文成帝拒不从谏。湛若水在《格物通·省国费二》中认为，魏文成帝因迷信而作宫，欲高接天神，功费万计，乃是矫诬上帝，暴殄天物，却迷而不悟，不知“格天有道”，以致民怨天咎，劳民伤财，岂能不为天神所厌！

（二）崇尚节俭，君之美德

湛若水特别强调节俭对统治者的重要性。在《格物通·抑浮末上》中指出：“夫天之生财也有限，不在上则在下，故上不侈靡暴殄之，则财聚于下而民足矣。节俭者，君人之美德也。是故古之人君宁俭以自处，而不敢伤天下之财者，所以阴遗其利于天下也。苟内作色荒，外作禽荒，而靡所不至，则何以利于苍生哉？”色荒是指沉迷于女色，禽荒是指沉溺于田猎。“节俭”之所以为人君之“美德”，在于它在调整君主与百姓之间的利益冲突中，通过君主抑制自己的消费而增加了百姓的利益。反之，“侈靡”对君主乃是一种恶德，因为它不仅暴殄天物，也因沉迷于其中而荒废了政务，对百姓、国家都是有害的。他又在《格物通·抑浮末中》中以唐懿宗游宴无度而音乐不离、赏赐不惜而致唐灭亡为教训，主张人主之治天下，当以俭约为先，通过戒佚游、绝淫声，以养俭德而端大本。他还在《格物通·省国费四》中指出：“财者，民之膏脂也。故至仁之君，兼所爱，必兼用节。节其膏脂，则爱其身也至矣；节其财用，则爱民也至矣。故观其所节，而其视民如伤之仁可知矣。用之者节，故能取之有道，恭俭之君也。”对于君主来说，其所消费的财物都是民脂民膏，所以节俭是爱身和爱民的双重体现。

湛若水特别看重君主节俭垂范的重要性。他在《格物通·省国费三》中指出：“俭之为德，其至矣！一人倡之，则万民化之。一人倡之，则国有余财；万人化之，则家有余食。衣食足，风俗淳，礼义兴，而户口增，皆俭之效也。”他认为，禹以克勤克俭兴邦，而历史上的创业之君，未有不法禹而兴，及至承平之主，因未睹废兴存亡之机，于是侈肆无度，以致废亡。

湛若水不仅将“禁奢侈”作为节俭的表现形式，还将“禁淫巧”作为节俭的另一表现形式。他在《格物通·抑浮末上》中指出：“生财之道，本乎节用，禁淫巧又节之大者。……人君好淫巧，天下法之皆淫巧，而天下危困矣。人君能戒之以节俭，则天下法之皆节俭，则天下安富矣，可不慎乎！”刘向《说苑·反质》载战国时李克之言曰：“上不禁技巧，则国贫民侈。国贫，穷者为奸邪，而富足者为淫泆，则驱民而为邪也。”湛若水在《格物通·抑浮末下》中评议说：“舜至质，故贵陶；禹卑宫室，故尊匠；汤疾礼乐之坏，而尊梓；武王疾上下失其服饰，而尊舆。古之圣帝明王，未有不以俭为天下倡者。”意即虞舜崇尚质朴，而贵制陶器的陶人；夏禹宫室简陋，而尊治水的匠人；商汤疾礼乐之坏，而尊作礼乐器物的梓人；武王疾上下尊卑失序，而尊制车服的舆人。因此，人君欲禁奸邪、淫泆，其“道”就在以身先之，即以自身为“俭”的榜样。

湛若水不仅强调君主在节俭美德上要重视横向垂范作用，即通过自身的倡导和践行，去感染天下万民践行节俭美德，实现国富家足，还要重视纵向垂范作用，即通过自身的言传身教，去感染子孙后代保持节俭家风，实现帝业持久传承。他在《格物通·省国费三》中认为，唐高宗虽然亲承《帝范》于太宗，却不能戒其淫侈之念，以至耗邦储、残邦本，说明“天理难明，而侈欲易纵”。而其根本原因在于唐太宗“躬自蹈之”，没有将简约之风坚持到底。所以，湛若水指出：“人君欲示节俭于子孙者，必自身心始矣。”湛若水在《格物通·省国费四》中又赞赏明太祖要求太子诸王不可在宫中隙地起亭馆台榭，但令内使种蔬的做法，认为不起亭榭，则财无浪费；但令种蔬，则地无遗利。他称这种教育太子诸王的方式，不仅是“家法之善”，实有以“培植宗社之大本”，具有很深的“崇俭防奢”之意。

（三）欲节财用，必去冗费

湛若水在《格物通·省国费四》中指出：“人君欲固邦本，不可不节财用，欲节财用，不可不去冗费。”所谓冗费，主要是指由于各种靡费及冗官、冗食、冗兵、冗役造成政府不必要的开支过大以致陷入财政危机。对于靡费，湛若水举例解释说：“台榭在所可无，而宫殿在所当建也。于其所可无者而兴作，与其所当建者而华饰，皆足以费财而害民也。”即是说，不该建的建了，所花费用固属冗费；该建的却讲究奢华，所花费用同样属冗费。因此，去除冗费，可以节省国费，从而减轻百姓的负担。而他特别关心的还是冗官、冗食、冗兵、冗役问题。

冗官指因官僚队伍恶性膨胀、官僚机构严重垂叠而产生的闲散无事的官吏。湛若水在《格物通·省国费一》中指出：“古者官不必备，惟其人。苟非其人而徒备其员，则冗矣。官冗则食冗，以有限之民财而供无益之冗费，非生财之道也。”即是说，官职不必满员，但必须任人唯贤。若得贤德之才，虽少亦足；若非贤德之才，虽多何用？而且这些冗官不但不能生财，反而还要政府用百姓纳税的有限钱财来白白养活。

《诗经·桑柔》云：“维此惠君，民人所瞻。秉心宣犹，考慎其相。维彼不顺，自独俾臧。自有肺肠，俾民卒狂。”湛若水认为，该诗根据对待冗官的态度而将君主分为两类：一种是顺义理之君，秉持公心，考察辅相之臣的能力，周全谨慎，必众人皆以为贤而后用之，而冗滥者在所必汰。一种是不顺义理之君，秉心不公，为谋不审，此事本一人之职，却倍之数员；此官本不可充位，犹姑留在职。这些官员徒受虚縻廪禄，而无益于事，遂使民眩惑，终至狂乱，正所谓“受若直，怠若事，又盗若货器”，得罪民者不少。所以，湛若水指出：“欲节冗费者，在省冗官尔”。

湛若水认为，冗官不仅滋生冗费、冗食，官多还会扰民。晋武帝时，长史傅咸上书认为，公私不足，由设官太多，所有官员的廪给皆出自百姓，致使百姓困乏。湛若水在《格物通·省国费二》中称傅咸此论，正中时弊。他指出："夫官多则民扰，役重则民困。朝廷设官分职，本以为农民也，而反冗官、冗役以病农，如此而望天下之治可得乎？"朝廷设官，本是为民服务，而官设多了，反而成为民之负担。

冗兵是指因募兵、养兵、用兵政策的问题而造成军队人数增多、军费开支浩大，但兵力羸弱、兵非所用的弊病。湛若水在《格物通·省国费四》中指出："兵贵精不贵多，不精而多，是冗兵也，冗兵是冗食也，耗国用、伤民财，莫甚于此者。是故兵不可废也，在精之而已矣。"他所讲的"不精"，是指因募兵不严而将老幼衰弱者也招入军中，既无战力，又耗军粮。他称此类冗兵为"羸兵"，指出"国有冗兵，乃蠹财之尤者"。他希望淘汰老弱无能的羸兵，招进能"实食其力"的强兵，则财不虚用，这才是"丰财之道"。

唐代狄仁杰曾上书反对"用武方外，邀功绝域，竭府库之实，以争不毛之地"，他认为这样做"得其人不足增赋，获其土不可耕织"，非"养苍生之道"。湛若水在《格物通·省国费三》中对狄氏之说深表赞同，指出："兴大役于不毛之地，冗兵也。动广费于虚弊之余，害民也。夫兵所以卫民，而反以害民，岂国家之利也哉？"他在《格物通·省国费四》中对唐德宗无故而动十六道之兵出境环戍持批评态度，认为这是"冗兵"之极；而为养活冗兵，就不得不征收间架税、除陌钱，搜括民财，可谓"殃民祸"之极。

冗食是指坐食官禄或获取与其贡献不匹配的物质享受。《礼记·月令》曰："收禄秩之不当，供养之不宜者。"湛若水在《格物通·省国费一》中解释道：禄秩不当，谓不应得而滥赐之；供养不宜，谓僭侈逾制。他将这两种情况都视为冗食的表现。他指出："夫国用之不足，冗食蠹之也。"人君欲足国用，就必须去除冗食，而要去除冗食，就必须禄秩有定序，不当者则收之；供给各有常分，不宜者则收之。因冗官、冗兵都是在食冗食，给国家和百姓带来负担，所以湛若水在《格物通·省国费二》中指出："冗兵冗官，皆国家之大蠹也。"

冗役是指繁杂的徭役。《格物通·省国费二》载：汉桓帝当三空（即田野空、朝廷空、仓库空）兵乱之时，乘农田种植之时，肆其游猎，还要役使百姓为其"驱禽除路"。湛若水将桓帝此举斥为"冗役"，认为桓帝肆其游猎而不知恤民，国岂能不乱亡！他在《格物通·省国费四》中认为，“修河”非冗役，但宋真宗诏谕征用丁夫15万修黄河就变成冗役了。冗役则罢民力，竭财用，敛众怨，而摇国本，其患不可胜言，岂可不慎！

冗官、冗食、冗兵、冗役对国家、百姓的危害极大，故湛若水在《格物通·省国费二》中指出：“善理财者，去不急之官，省无益之费，而冗兵冗役，一切检制，然后用舒而财足。”君主要使财用充足，就必须以去此“四冗”为首务。

（四）以谏止侈，从谏如流

在君主专制社会，君主的权力至高无上，君主要做什么，百姓是无权过问，也是无权制止的。而在古代官僚体制之内，官员有向君主进谏的权利，君主只有愿意纳谏，才能真正达到抑制奢侈浪费的效果。在此方面，湛若水列举了不少君主纳谏而从“奢侈淫巧”转向“节俭”的成功案例。

《韩非子·十过》载：“尧禅天下，虞舜受之，作为食器，斩山木而财之，削锯修之迹，流漆墨其上，输之于宫，以为食器，诸侯以为益侈，国之不服者十三。”后来，《资治通鉴·唐太宗贞观十七年》将此事简化为“舜造漆器，谏者十余人”。湛若水在《格物通·抑浮末中》中就此指出：“忠臣谏君，必防其渐也。谏造漆器，舜以益圣。”正因为舜接受了忠臣的谏言，不用奢华的漆器为食器，才成就了他“圣王”的美誉。

晋元帝时，张茂筑灵均台，基高九仞，武陵阎曾夜叩府门，说武公托他来问何故劳民筑台，迫使张茂为之罢役。湛若水在《格物通·省国费二》中评议说：“劳民筑台，此冗役也。冗役必有大费，民之膏脂竭矣。阎曾托武公以为谏，权而不失正者也。张茂闻言即止，其庶几能补过者乎！”正因为张茂接受了阎曾的谏言，才制止了浪费民脂民膏的冗役。

北魏文成帝时，给事中郭善明劝高宗大起宫室，高允劝谏而被采纳。湛若水在《格物通·省国费二》中评价说：“魏文成一纳高允之谏，而所省役四万人财费馈饷，称之为利，不亦溥哉！当是时，南北瓜分，一时之君兴亡倏忽，若槿华之开落，独拓跋氏享国久长，盖其君类知用贤纳谏，省费足国故耳！况中华之大君而率由是道，其国家永命宁有既邪！”这就是说，正因为北魏统治者能够纳“省国费”之谏，才使其政权在战乱时代能够保持长久。

唐高祖时，县法曹孙伏伽上表劝谏皇上勿纵情鹞鸽、百戏之享乐而被采纳。湛若水在《格物通·抑浮末中》中指出：“人主以俭而兴，以侈而亡。彼隋为殷鉴，于唐不远，何临御未几而鹞鸽百戏以进，人心可谓危矣。向无孙伏伽之谏，唐之为隋未可知也。幸而天诱其衷，一言省悟，侈心以消。忠谏之臣，岂可无哉！”正因为唐高祖能够纳谏而终止纵情享乐，才使唐朝的江山得以巩固。

湛若水对这些案例的介绍与评价，都说明了劝谏与纳谏在抑制君主奢侈浪费、减轻百姓负担方面的价值。

第八章
社会保障，官民共担

社会保障主要是指国家动员社会各方面资源，保证低收入、无收入以及遭受各种意外灾害的民众能够维持生存，保障民众在年老、患病、失业时基本生活不受影响的制度。湛若水在社会保障思想上，提出了系统的“恤穷”和“赈济”等政策措施，提倡包括乡村集体、家族和个体等在内的社会力量在社会保障中发挥重要作用。

一、恤穷之政，以惠穷民

“穷”与“贫”在中国古代都具有缺乏钱财，生活拮据、困乏的意思。但《周礼·大司徒》将“振穷”与“恤贫”分开，说明“穷”与“贫”还是有区别的。也就是说，“穷”与“贫”都属于需要帮助的弱势群体，但“穷”主要指因鳏寡孤独、废疾的原因陷入无依无靠的境地，却又有苦无处告诉的穷民；“贫”主要指因偶遇天灾人祸而陷入贫困境地的贫民。湛若水在《格物通·恤穷》中对恤穷之道做了历史考察并提出了应对之策。

（一）恤穷之政，穷民优先

湛若水在《送陈都宪还朝序》中指出：“惟明天子，父母天地而家天下，大臣其家相，监□[1]家正民物，其同胞疾苦无告，其兄弟之颠连者，皆本一体。”这基本上是沿着张载的“民胞物与”之说来揭示关心同胞疾苦的必要性。他又在《格物通·恤穷上》中说：“恤穷之政，发于一念之仁。人君苟有同胞共与之心，则亲见困穷疾苦之状，而怵惕恻隐之心自不可遏矣！苟能即此一念而扩充之，则仁不可胜用，而足以保四海矣！”这是要将“恤穷之政”建立在“民胞物与”和“仁政”理念的基础上。从亲情上说，既然世间的人同为“乾坤”（即“天地”）所生，则我们在“乾坤”这一共同的“父母”之下，都是兄弟姊妹，当我们的兄弟姊妹陷入困穷疾苦之中时，岂能不生恻隐之心而去体恤帮助呢？从道德上说，人君应施行仁政，将恻隐之心推及天下百姓，使天下百姓都能过上“养生送死无憾”的幸福生活。

而在湛若水的民胞物与情怀中，特别强调将改善弱势群体的民生放在优先的位置。他在《格物通·恤穷下》指出：“文王发政施仁，必先穷民，恤穷者，治天下之首务也。”他赞赏明太祖在大军刚克复而民获所归之后，就立即召耆儒访知民之“未遂生息”情况，念民之劳苦而思使民尽快休养生息。他认为，太祖此心，正是尧舜也难做到的“博施济众”之心，此应为“万世人君之所当法”。

湛若水重视恤穷的季节性。从百姓生活上说，夏季和冬季是统治者最应关心的季节。《尚书·君牙》曰：“夏暑雨，小民惟曰怨咨；冬祁寒，小民亦惟曰怨咨。厥惟艰哉！思其艰以图其易，民乃宁。”湛若水在《格物通·恤穷上》中解释道：这首诗是周穆王命君牙为大司徒时之言。“艰”指饥寒之艰，“易”指衣食之易，“暑”与“祁寒”是“天时之常”，“小民怨咨”是“自伤其生之艰难”。他认为，民生之难易，系于人君之一念，若人君思念小民的饥寒与为生之艰，为民制恒产，薄敛而衣食之，以图“其生之易”，则民岂有不安乎？这就是说，人君在百姓生活上的“恤穷”，关键是要解决好夏季之饥和冬季之寒的问题。从百姓生产上说，春耕与秋收是统治者最应关心的。《孟子·告子下》有言：“春省耕而补不足，秋省敛而助不给。”湛若水在《格物通·恤穷上》中解释道：先王到诸侯国巡狩时，必

①此处原文缺字。

省察民情，春补其种，秋助其收，是为了体恤不足不给者。因为耕为民之业，敛为国之用，业无常盛，而用有常入，这就需要人君知损益之道，春耕生产时应帮农民解决好农具和种子问题，以让农民及时耕种；秋收征赋时应向歉收农民提供补助，以维持其生计。只有这样，才能实现百姓家给人足，人君也因藏富于民而获得自足。湛若水还在《格物通·恤穷上》中指出："一民之饥，由己饥之，故子惠困穷，人主矜恤之仁也。"他称赞汉章帝在遭天下旱灾，民食不足时，能从郑弘之言而省贡减费，以利饥民，可谓仁君！

湛若水不仅对恤穷之君给予高度评价，也对恤穷之臣予以高度赞赏。春秋时晋国大夫赵宣子田猎于首山，舍于翳桑，见到在外给人当了3年奴仆、归家途中3日未食的灵辄，乃赐给食物，而灵辄食一半而留一半，准备带回家给可能还活着的母亲吃。宣子让他将食物吃完，还准备了一箪食与肉，置于袋中与之。既而灵辄做了晋灵公甲士，见到正被晋灵公派人追杀的宣子时，便将武器倒过来抵挡追杀者而掩护宣子离开。宣子问灵辄何故救他，他对答道："我就是翳桑之饿人。"宣子问其姓名与居所，灵辄不告而退，独自逃难去了。湛若水在《格物通·恤穷上》中赞叹说："昔人有一饭之恩必报，睚眦之怨必偿者，此浅丈夫者之所为也。若赵宣子之施灵辄，恤翳桑之饿而遗及其母，无所为而施者也。灵辄之报宣子，不言其名居而遂自亡，无所为而报者也。无所为而施报者，天理也。"在他看来，不求回报，才是恤穷的最高境界。故他特意将赵宣子与灵辄之间的故事记下来，以为"恤穷者之法"。

湛若水还强调恤穷的严肃性，不能弄虚作假，徒有虚名。《格物通·恤穷上》载：唐高祖时，民部尚书裴矩奏"民遭突厥暴践者，请户给绢一匹"。太宗曰："朕以诚信御下，不欲虚有存恤之名而无其实。户有大小，岂得雷同给赐乎！"于是计口为率。湛若水称赞道：唐太宗爱民而不徇其名，可谓"有孚"，即重信用；易"户给"而为"口给"，可谓"惠广"。他认为，君之于民，犹父母之于子，察其饥寒而体悉之周，父母之心岂有为"名"的呢？

《格物通·恤穷下》载：唐德宗时，水潦为害绵数十州，但德宗却听人说所损殊少，即议优恤，恐长奸欺。陆贽上奏指出："君人之道，子育为心；虽深居九重，而虑周四表；虽恒处安乐，而忧及困穷。近取诸身，如一体之于四肢，其疾病无不恤也；远取诸物，如两曜（日月）之于万类，其鉴照无不均也。故时有凶害，而人无流亡。”他希望德宗能本着“以天下为一家，中国为一人”的精神，对受水潦州县的灾民哀其疾苦而惠恤之。湛若水评议说：“天地民物一体者也，其感应神速，痛痒相关。陆贽一体四肢、两曜万类之言，其必有见于此矣！苟有痛痒感应之心，则民之旱潦穷苦无不兼知，则亦无不兼惠矣。”可惜德宗刻薄，好用聚敛之臣，视无告之穷民而恝然，无“一体”之仁。故湛若水劝告后之人君宜品味陆贽之言，以达于“仁民之道”。

（二）鳏寡孤独，皆有所养

而在穷民之中，鳏寡孤独者的生存尤为艰难，所以古代儒家普遍要求政府给予他们更多的体恤。湛若水在《格物通·恤穷上》中指出：“圣人之治天下，不能保其无鳏寡孤独之穷民也；圣人之政，能使之有养而已。”即是说，社会中出现鳏寡孤独者是正常现象，即使圣人执政，也不能保证不会出现鳏寡孤独者。但是，圣人执政，能够做到使鳏寡孤独者得到养护。

湛若水在《格物通·恤穷上》中引《尚书·无逸》中“不侮鳏寡”之说，引《诗经·鸿雁》中“哀此鳏寡”之说，对于无父母妻子之养的鳏寡之民，不仅不敢侮而轻忽之，而且犹宜多加哀恤。《格物通·恤穷下》载明太祖之自述，说他还在民间时，目击鳏寡孤独而饥寒困惫之徒，心常恻然，故躬率师旅，“誓清四海，以同吾一家之安”。而他当皇帝10余年后，若天下有流离失所之民，不仅昧己“初志”（即初心），也未能尽到“代天理物”之职责，希望辅相之臣，“当体朕怀，不可使天下有一夫之不获”。湛若水认为，太祖皇帝不仅在民间对鳏寡孤独者之困苦久存不忍之心，而且当皇帝后多次下诏命中书省“访穷民无告者，给之衣粮屋舍”，可谓是行“不忍人之政”，足为万世帝王之法矣。

湛若水还关注鳏寡孤独者的诉求、表达机制，也就是要将这些素被称为“无告”的人变为“有告”的人。《格物通·恤穷上》载《周礼·秋官·司寇》之言曰：“以肺石达穷民，凡远近茕独老幼之欲有复于上，而其长弗达者，立于肺石三日，士听其辞，以告于上，而罪其长。”“肺石”即赤石，设于天子的外朝。有诉告者，必使其立在肺石上表赤心，保其不去妄告。而建立肺石诉求机制的目的，就是要让那些将冤情、困苦诉于当地长令却得不到回应的茕（即无兄弟）独（即无子孙）之穷民，直接立于肺石上以向朝廷表达自己的利益诉求，希望自己的利益诉求能得到满意的解决。湛若水评论说："君，腹心也，民，四体也，四体受病而腹心弗察，此身心不相联属者，莫大之症矣。先王灼知乎此，必使之相通，则民隐无不达，而后人君恤穷之心可尽，而穷民得其所也。为人君者，其可忽诸？"既然君民一体，君主就必须关注穷民的疾苦和利益诉求，并给予鳏寡孤独者以表达诉求的通道。

湛若水也注意到建立供养鳏寡孤独者的长效机制问题，也就是建立社会福利机构的问题。为解决鳏寡孤独者的生活出路问题，中国古代不少朝代成立了相关的社会福利机构，如唐代的"悲田院"、宋代的"福田院"、元朝的"济众院"、明代的"养济院"等。

养济院在宋代已出现，当时既有政府出资修建的，如《宋史》载魏了翁上奏"复社仓，创义冢，建养济院"；也有以私人名义捐修的，如《宋史》载赵汝愚"捐私钱百余万创养济院"。当时养济院服务的对象主要是疾病无依之人。而至明朝，养济院收养的主要是鳏寡孤独者和乞丐。《格物通·恤穷下》载：明太祖肇基五年，诏天下郡县立孤老院，凡民之孤独残疾不能自生者许入院，官为赡养。孤老院后改为养济院。其初著之于《令》曰：凡鳏寡孤独，每月给米，每岁给布，务在存恤；监察御史、按察司官常加体察。既而著之于《律》曰：凡鳏寡孤独及废疾之人，贫穷无亲属依倚，不能自存，所在官司应收养而不收养者受杖惩；若应给衣粮而官吏克减者，以监守自盗论。又申之以《宪纲》曰：府州县所属，凡有鳏寡孤独废疾无依倚之人，俱收于养济院，常加存恤，合得衣粮依期按月支给，毋令失所；遇有疾病，督医治疗。湛若水认为，明太祖创恤穷之制，乃是周文王"发政施仁必先鳏寡孤独"之仁心，若使臣下施行而不失，则仁政之泽可以被于无穷。他对明太祖的养济政策逐一评价道：鳏寡孤独归于养济，在使得其所；岁有衣粮，在使不困于饥寒；有司时察，在防吏奸；应收而不收则杖、应给而吏克减者以自盗论，在严其法；督医治疾，在冀其生。

不过，湛若水也意识到，明太祖的养济政策可谓仁至义尽，但法久而弊生。于是，他针对养济政策执行过程中存在的问题发问道："养济虽有其名，而在京在外乞丐之人盈于道路，岂吏之奉法浸弊，而无力者不得以入院乎？”“为有司者，果能衣食以时乎？治疗以医乎？”于是，他在任参赞机务南京兵部尚书期间上疏提出“急无告，以弘惠泽”的主张。针对内官主管养济工作中存在的“减克肥已”问题，他主张将明太祖设养济院加惠穷民的做法立为“定法”。具体做法是：若保甲25家内有鳏寡孤独者或废疾不能自理者，则25家轮养之，死则收葬之；若此等人数量众多，25家力不足以养之，即令25家送入养济院；若远方来寓、废疾无归者，亦依此处置。

（三）官设公墓，泽及枯骨

传统儒家将葬礼视为一件非常严肃的事情，按照儒家葬礼办事，乃是孝道的体现。《孟子·滕文公上》曰：“盖上世尝有不葬其亲者，其亲死，则举而委之于壑。他日过之，狐狸食之，蝇蚋姑嘬之。其颡有泚，睨而不视。……盖归反虆梩而掩之。掩之诚是也，则孝子仁人之掩其亲，亦必有道矣。”即是说，上古时代，有人在亲人死后，将其尸体抛到野外，后却发现尸体为其他动物所啃食，实在让人伤心哀痛，不忍正视，于是用土将亲人尸体掩埋，以尽孝道。孟子的“土葬”之说，后来成了中国古代葬礼的主流观念。

汉代以后，佛法东移，印度僧侣盛行的火葬仪式也随之传入。依照佛教教规，僧人死后要火化，后来此俗也向民间渗透。当然，火葬的另一原因是死者家庭贫困，买不起墓地。如《明史·郭敦传》载：“衢俗，贫者死不葬，辄焚其尸。”但是，火葬的习俗与中国传统儒家的孝道观念是不相容的。汉代以前，焚尸是最大的耻辱，并且是严厉的刑律；宋太祖有禁止火葬的诏书；明朝更有惩处火葬的法律，其中就有不准毁弃死尸，违者当斩的规定。

但据湛若水在《奏请置各城漏泽园疏》中介绍：南京风俗薄恶，人死多违诏旨，将尸棺寄土工家，又父子、兄弟、夫妻骨肉互相焚毁，秽气熏天，大伤天和，以致灾疫频生。在《奉诏新建南京漏泽园西城一等号碑文》中介绍：三塔庵僧人明瓒等私创淫祠，又创有“化人厅”，违例招人焚尸取财；又宴饮于此，男女混杂。

湛若水在《议处义阡咨南京礼部》中从夷夏之辨和义利之辨的双重视角对上述现象进行了批判。他指出：“本僧妄称依佛教将尸焚化，夫僧人既依西方之教，何不尽还西方行之？堂堂中国礼法之地，岂可行夷狄之教乎？又可公然创立化人厅，大开化人之门乎？又可因而惑众取财乎？又可设为斋堂，引人焚罢，非礼宴饮，男女混杂乎？又可擅将本庵田私卖与人，取价入己乎？凡此皆天理所不容，地理所不载，人理所由绝灭，而不容于尧、舜之世，在所必诛者也。”于是，他在《奉诏新建南京漏泽园西城一等号碑文》中以南京兵部尚书的名义提出：一是拆毁南京淫祠刘公庙，基地改作建义阡、漏泽园，凡有穷民死无所归者，悉令于此葬埋，毋使暴露；二是拆毁三塔庵及化人厅，基地作为义阡、漏泽园。他认为，这样做是为了达到“仁政行而穷民不致失所，淫祠毁而朽骨得以沾恩”的目的。义阡，又称义冢，是指收埋无主尸骸的墓地；漏泽园，是指由官家将无主尸骨及家贫无葬地的死者集中丛葬的墓园。湛若水在此所讲的“义阡、漏泽园”都是指政府所倡修的专为无主尸骸和贫困死者安葬的公墓。在他的主持下，南京城四周共作新旧义阡、漏泽园31所。而对死者家属来说，义阡、漏泽园的设置，无疑是政府“恤穷”的一项重要举措。

当然，湛若水通过政府强制手段取缔火葬，在当时也是遇到阻力的，在今天也是有异议的。有的学者从现代的视角来审视湛若水取缔火葬、强推土葬之举，觉得湛若水强推土葬的做法还不如明瓒“化人厅”的火葬做法好。这种看法看似合理，但缺乏历史主义态度。湛若水在当时推行土葬，是针对当时火葬人员对死者遗体不敬和官僧勾结图财牟利现象的一种整治行动，从习俗上迎合了当时人们所怀的“死者入土为安”的社会心理，从道德上是为了帮助死者亲人践行“慎终追远”的孝道。而他强行将淫祠寺庙改建为义阡、漏泽园，是为了解决社会弱势群体“死不起”的问题，是针对社会弱势群体推出的一种社会保障措施，从这个层面上说是有其积极意义的。

（四）由近及远，恤穷无界

湛若水从宇宙一体的观念出发来审视恤穷的范围，恤穷应由近及远，超越地界国界，体现民胞物与之爱。

统治者恤穷，要本着推己及人的精神。贾谊的《新书·谕诚》载：楚昭王当房而立，愀然有寒气，曰：“寡人朝饥，食酒二觛，重裘而立，犹憯然有寒气，将奈我元元之百姓何？”当日，出府之裘以衣寒者，出仓之粟以赈饥者。湛若水在《格物通·恤穷下》中称赞说：“楚昭王能推己以及于民，因其寒而赐之以裘，因其饥而赐之以粟，可谓有仁恕之心矣。”

统治者恤穷，要本着由近及远的精神。《格物通·恤穷上》载：魏孝文帝至泗州时，在路上遇到个跛腿盲人，于是停驾慰劳，给衣食终身。湛若水认为，魏孝文帝的这种做法，不可谓无恻隐之心，苟能由此心扩而充之，则保四海之民而供给衣食就无难了。今特施于道路之所见，则天下之所不见者多着呢！可得而尽能供给衣食吗？故他主张人君恤穷之政，“由其所见，以达于其所不见”，则“仁覆天下”。也就是要将对个案的体恤推广到全社会，让四海之民都能享受衣食无忧的生活。

《格物通·恤穷下》又载：元仁宗外出，碰见有个穿着破衣的卫士，驻马问之，卫士答道：“戍守边镇余十五年，以故贫耳。”仁宗说：“此辈久劳于外，留守臣未尝以闻，非朕亲见，何由知之。自今有类此者，必言于朕。”故命赐卫士钱帛。湛若水认为，元仁宗见卫士弊衣而询，知其戍边之苦并赐其钱帛，可谓有“恻隐之心、恤穷之实”。他将元仁宗此心与禹“见罪人而泣之”、汤“见网而解之”之心相媲美。而两者的差异在于禹、汤行仁政而泽及天下，而仁宗不能扩充其不忍人之心。他认为仁宗此举为“小惠”而非“大政”，而他主张人君贵乎有“恤民之大政”，而不贵乎“分财之小惠”。“大政”在于从制度上、根本上解决贫困问题，让所有穷人都能受益。

湛若水还把恤穷看作是可以超越国界的事业。《左传·僖公十三年》载：春秋时晋国连年饥馑，晋惠公派使者乞籴于秦国。秦穆公问大臣子桑是否与之，子桑答曰：“重施而报，君将何求？重施而不报，其民必携，携而讨焉，无众必败。”秦穆公又问百里奚是否与之，百里奚答曰：“天灾流行，国家代有，救灾恤邻，道也。行道有福。”由晋逃秦的丕豹，因怀杀父之仇，请秦伐晋。秦穆公答曰：“其君是恶，其民何罪？”秦于是输粟于晋。湛若水在《格物通·恤穷上》中称百里奚以救灾恤邻为道，可谓“仁人之言”；称子桑主张施而有报、趁而讨之，不合恤邻之义；称丕豹之请又太甚。晋饥而秦输之粟，秦饥而晋闭之粜，则晋负义于天下，又何以为霸呢？

《国语·鲁语上》载：鲁国饥荒，臧文仲对鲁庄公说：“夫为四邻之援，结诸侯之信，重之以婚姻，申之以盟誓，固国之艰急是为。铸名器，藏宝财，固民之殄病是待。今国病矣，君盍（何不）以名器请籴于齐？”庄公派文仲带鬯圭与玉磬往齐国告籴，齐人归其玉而予之籴。湛若水在《格物通·恤穷上》中指出：“庄公所以不爱圭玉而告籴于齐，齐反玉而与之籴，皆得济穷之道矣。君天下者，其可不念困穷之民，而亟思所以济之之术哉？”这就是说，在赈济问题上，国与国之间已超出了一般贸易的范畴，而应将帮助受灾国摆脱粮食危机的道德责任放在首位。

《格物通·恤穷上》又载：后周太祖广顺元年，滨淮州镇上言“淮南饥民过淮籴谷，未敢禁止”。太祖下诏曰：“彼之生民，与此何异，宜令州县津铺无得禁止。”湛若水评议说：周太祖曰“彼之生民，与此何异”，何其公也！曰“无得禁止”，何其仁也！有不忍人之心而惠及于邻国，周太祖可谓贤哉！

湛若水对上述跨国“恤穷”事例的评述，表达了“恤穷无国界”的理念，也蕴含了人类命运共同体的意识。

二、赈济之政，以拯灾民

赈济即是用财物救济，主要是针对灾民。湛若水在《格物通》中也有一卷《赈济》来阐明赈济的历史、价值和途径。

（一）君之与民，相资相报

《周易》之“彖”曰：“益，损上益下，民说无疆。”湛若水讲赈济，也是从“益卦”说起。他在《格物通·赈济上》中说：“益之所以为益者，以其损上而益下，如财利上之所有也，则损己之有以益下民之无。夫财者民之心，损上益下，故民悦怿于心而无穷也。……赈济者，其亦损上益下之一事也欤！”损上益下意味着拥有财利的统治者应拿出一部分财利去帮助没有财利之民，这不仅是对民之益，也是对统治者之益，是得民心而固邦本之道。而赈济正是损上益下理念的体现，是君主对贫民的一种救助方式。

《礼记·月令》曰：“天子布德行惠，命有司发仓廪，赐贫穷，振乏绝，开府库，出币帛，周天下。”湛若水诠释说：“夫王者出帑积以惠天下，非出也，乃所以为入也。盖财者民之所为，而民者财之所出，故苟得其民，则天下财利不必在府库而后为吾有也，不得其民，虽府库之财，亦或悖而出也。故古之人君布德行惠，赐贫赈乏，开府出币，周给天下，而因以得天下之心焉，岂非所出者小而所入者大乎！岂非所出者寡而所入者众乎！”王者之“出”（即赈济贫民）为“损”，而王者之“入”（即生财之民）为“益”，而其所“出”者小而寡，所“入”者却大而众。这正是“损上益下”之“益”的具体体现。

湛若水又从“君民相资相报”的理念出发，说明统治者赈济灾民是对百姓为其付出的一种回报。他在《格物通·赈济下》中指出：“君之与民，相资相报者也。君施以治民，民报以奉君。在平时则什一而税，任土而贡，民之施之于上也。有灾变则散财发粟，春补秋助，君之报于民也。故曰相资相报者也。若平时使民以奉上，灾变又使民以自赈，何施报之有哉？宜乎上下离心，君民解体，祸乱将起，而莫之能救矣。”这意味着，平时是君资于民，是民之贡赋养活了君。灾变则民资于君，是君之赈济来养活灾民。若民遇到灾害，君要民自赈，而自己却袖手旁观，这样的“白眼狼”，一旦遇到祸乱，百姓也不会为其效命的。因此，君对灾民的赈济，是义不容辞的责任。

湛若水认为赈济灾民不仅是人君的责任，也是一切享有厚禄的官员的责任。他在《格物通·赈济上》中指出：“夫赈恤之典，固明君急于爱民忧国者之先务，而凡肉食者亦不可以不谋也。夫平日之所以衣我食我而给我军国之需者，皆民之力也。令不幸而际遇天灾，衣食不能以自存，宜以出诸民者报乎民，宁忍坐视其毙而莫之救乎？”即是说，平时官员的衣食、军国所需物资，都是百姓勤力提供的，若百姓不幸遇到天灾，生活陷入困境，就应该将百姓所供养的财物回报给他们，而不能见死不救。

《孟子·梁惠王下》载：孟子到平陆时批评大夫孔距心在凶年饥岁不去关心数千“老羸转乎沟壑，壮者散而之四方”的贫民。湛若水在《格物通·赈济上》中评议说：“盖大夫者，佐君以惠民为职者也。今坐视其饥以死，而不发仓廪以赈济之，是失职矣。”《孟子·梁惠王下》载：邹穆公及其有司在百姓遇到灾荒时不去关心与赈济，结果邹国在与鲁国打仗时百姓不愿为其效命。湛若水在《格物通·赈济上》中就此指出：“夫以饥馑之年，民之老弱死沟壑，壮者散四方，而有司莫肯告君以发仓廪、开府库而赈济之，以救其死徙，是有司慢而害民也。今民不恤有司之死，正反报前日之咎也。”而这也进一步揭示了君民、官民“相资相报”的道理，突出了君对贫民“行仁政以赈济”的重要性。

（二）知民之穷，实心赈济

《礼记·祭统》曰：“明君在上，则境内之民无冻馁者矣。”湛若水在《格物通·赈济上》中解释道：“非大君之明，无以知民之穷；非知民之穷，则不能行恤穷之政。智以知之，仁以行之，故惠下之泽可流于无穷矣，岂复有冻馁之民哉？”湛若水之所以将“恤穷”、“赈济”之政与君之是否明智联系起来，确实有他的道理。历史上确实存在着不知民之穷故不懂得赈济之君。《晋书·惠帝纪》载：晋惠帝时，天下荒乱，百姓饿死，惠帝则说：“何不食肉糜？”意即百姓无粟米充饥，但可以食肉粥啊！足见其被“蒙蔽”到何种程度！而明智之君则不一样，他了解民众的贫穷疾苦，了解百姓挨冻受饿的滋味，因而能够针对百姓的贫穷、冻馁采取相应的赈济措施，从而不再有冻馁之民。

《诗经·北山之什·甫田》曰：“倬彼甫田，岁取十千。我取其陈，食我农人，自古有年。”意即大田岁取十千以为禄食，及积之久而有余，则新者存之，旧者散之，不足者补之，不给者助之，以食我之农夫。湛若水在《格物通·赈济上》中由此段诗感悟到：“国家之赈济，乃王政之急务。然必实有爱民之心，然后能时其丰歉而敛散之。……苟无爱民之实心，平时暴征苛敛以残民，而顾为赈济之名，所谓割民之肉以充腹，腹未必饱而身已先毙矣，不亦不仁之甚哉！故人君之赈济，必先蓄其仁心于平时，以不忍人之心行不忍人之政，一遇水旱凶荒而赈济之，则仁之所及者广矣。”即是说，人君赈济贫民必须是实心爱民，而实心爱民必须在平时的敛散之中体现出来，即敛要适度，散要及时，让百姓能过上稳定的温饱生活，而不能以赈济为名去大敛民财。百姓遇灾荒时，人君能及时散财来赈济灾民，而不是无动于衷。

（三）处荒之政，预备为上

传统农业社会的生产由于受生产力发展水平的限制，总带有几分依赖天收的色彩，发生灾荒是常有的事。遇到灾荒，适时赈济固然重要，但平时备荒更为重要。在湛若水看来，备荒大致有以下措施：

第一，赈济上策，在有预备。

齐武帝时，秘书丞李彪上书指出：“汉置常平仓以救匮乏。去岁京师不稔，移民就丰，既废营生，困而后达，又于国体，实有虚损，曷若豫储仓粟，安而给之，岂不愈于驱督老弱糊口千里之外哉？”湛若水在《格物通·赈济上》中认为，李彪此言应为“急于救民”的明君、良官所宜讲究的。他指出：“国有豫备，则民遇水旱而不至于饥，此赈济之上策也，下此皆无为策矣。”所谓豫备（即预备），就是要做好粮食储备工作。灾前做好粮食储备工作，遇灾就能及时就地发放粮食赈济，无须让灾民转到外地就食，这才是赈济之上策。他还在《格物通·赈济下》中指出：“古者三年耕而有一年之积，九年耕而有三年之积，皆所以为水旱备也。然不但积备而已，又为之检制节俭，所以备不虞者至矣。”他特别提到孝慈皇后进食时必间杂麦饭野蔬，以示俭而先天下；又懂得赈恤之“有方”不如积蓄之“先备”，可谓救荒之“上策”。

第二，设各类仓库，以备灾年赈给。

湛若水提到的供赈灾使用的仓库，有常平仓、义仓、社仓和预备仓等，它们都是统治者实行灾年赈济制度的产物。

常平仓是古代政府用于储备粮食以调节粮价和应对荒年的一种粮仓。湛若水在《格物通·赈济上》中引李彪之言说“汉置常平仓以救匮乏”，又在《明唐府纪善进长史倖静庵周君墓碑铭》中称明代周冲“西创常平仓以备赈恤”。

义仓是古代各地为防备饥荒而设置的粮仓。湛若水在《格物通·赈济上》中载，隋文帝开皇五年（585年）夏五月，度支尚书长孙平奏：“令民间每秋家出粟麦一石以下，贫富为差，储之当社，委社司检校，以备凶年，名曰义仓。”义仓设在乡间，开仓方便，一遇灾荒，随时可以开仓，就地赈济。谷物来源于乡民，按家庭贫富等差所出，由主管社仓储粮之官吏——社司来实施监督。湛若水评议说：“义仓之制，以为赈饥之备，至今以为善政。”

社仓是由南宋朱熹首创的一种储粮备荒制度。湛若水在《格物通·赈济下》中指出：“处荒之政，预备为上，赈救为下，有备则所济万全，赈救则缓或不及。朱熹社仓之立，所以备荒也。”但他认为，官员设立社仓，必须出于至诚恻怛之心，才能规划周详，真正使饥民受惠。

预备仓是明代各地为贮藏赈济粮所设的粮仓。《文献通考·市籴三》载：“明太祖洪武初，设预备仓。”湛若水在《韶州府翁源县创建预备仓记》中介绍了翁源县尹所创建的预备仓，其目的是“救民荒”。

第三，兴修水利，减少灾害。

湛若水在《格物通·赈济下》中指出：“古者虽有水旱之灾而不为困，后世饥馑之多，何也？以古有沟洫为之蓄泄耳，此禹之所以致力也。后世井田废而沟洫湮，故旱干水溢之灾作，而赈济之政所以行矣。”即是说，古代重视水利建设，通过疏通江河以避免其泛滥成灾，通过开凿沟渠以提高蓄水泄洪能力，从而减少灾害的发生。若平时不重视水利工作，等到灾害发生时再思如何去赈济，这是治标不治本的。与其把心思用在灾害发生时如何去行“赈济之政”，倒不如把重点放在平时如何搞好水利建设，遇到灾害时如何发挥水利的效力上。水利建设搞好了，可以降低水旱灾害的风险，也就少用甚至不用“赈济之政”了。所以，他对当时有些富室“有塘数顷，则水不为灾；防泄以时，而旱不为虐”的做法给予了点赞。

（四）赈灾之事，刻不容缓

自然灾害年年都有，但何时发生，灾情如何，却又有不确定性。一般来说，政府在灾害发生前就已建立了一套防灾赈灾的机制。但灾害的发生往往是突发的，而古代的通信系统又比较落后，灾区的信息往往不能及时传递到朝廷，朝廷也就无法及时应对。但是，大灾降临，灾民每时每刻都在经受着灾害的折磨，每时每刻都面临着死亡的威胁。这就需要灾区的权力部门边上报灾情，边做出决断，适时地开展赈灾工作，以挽救更多百姓的生命财产。所以，湛若水在《格物通·赈济下》中说：“赈饥之事，以朝夕为死生者也，故其机宜速不宜缓。……使必待报于君命，而机宜则缓焉，其济果可及乎？”他在《格物通·赈济下》中列举了一系列历史上所发生的官员“边奏边赈”的事例，并给予了积极的评价。

唐玄宗开元二十九年（741年）春下命令说：“承前诸州饥馑，皆待奏报，然后开仓赈给。道路悠远，何救悬绝！自今委州县长官与采访使量事给讫奏闻。”湛若水评论说：“饥民以垂绝之命待哺于须臾尔，必须数千里之奏报，则死骨已朽矣，其何能及？”故他对唐玄宗此“命”深表肯定，认为将赈济之事付之州县官员，虽是“一时救世之权”，其实乃是“万世通行续命之剂”。

元成宗元贞元年（1295年），陕西发生旱饥。行省右丞许扆商议发廪赈灾，同列以未经奏请为由，觉得不可。许扆说：“民为邦本，今饥馁若此，若俟命下，无及矣。擅发之罪，吾当任之。”遂发粟赈贷，君命亦不久下来了。所谓赈贷，就是政府将粮食贷给灾民，等收成好的时候或借贷之民有能力时再偿还。湛若水认为，关中远离京师，若待命而发仓赈灾，则仰哺之民已化为野中之饿殍了。故他称赞许扆在关中这场旱饥中主动发粟以赈灾民，并以身当擅发之罪，卓乎有汲黯之风；成宗不究许扆之罪而命亦寻下，亦可谓仁君！

明朝洪武初年，陕西旱饥，汉中尤甚，乡民多聚为盗，莫能禁戢。汉中知府费震与僚属商谋后，即日发仓贷民，令民受粟，且以状上奏请示，故活者甚众。至秋大熟，民悉以粟还仓。后费震以事被逮于京，明太祖则说：“震，良吏也！”于是释之，并劝勉其他官员要以费震为榜样。湛若水就此认为，奉命而后行，为“人臣之经”；先赈而后以闻，是“济变之权”。费震发储粮以济饥，秋成而民偿，则上不费公家之财，而下可活万人之命，行“济世之权”，而不失其“事君之经”。明太祖闻状后，肯定了费震的赈灾之举，还将他免罪释放，也说明了明太祖对赈济灾民的高度重视。

湛若水不仅强调“赈饥之事”刻不容缓，还主张政府应在“赈饥之用”中发挥主导作用。南宋张栻在《与吴晦叔书》中指出：“赈民之事，盖有二端：赈济也，赈粜也。赈济，须官中捐米以救之；赈粜，即用上户（即富户）所认可也。官中吝米不肯捐，专仰上户之粜，可乎？”湛若水在《格物通·赈济下》中对此说极为赞同。他认为，赈饥资财的筹集，既要充分发挥民间“上户”的作用，更要发挥政府的主导作用。上户的作用在于“赈粜”，即政府动员富户开仓以平价或低价向灾民出售粮食。不过，政府责成上户赈粜多少粮食，还要得到上户的认可。而上户不愿接受政府所要求的赈粜份额，政府也不能强迫，因为这毕竟是上户的私有财产。这就意味着上户的赈粜无法保证是否能满足灾民的实际需要。而政府府库的粮食本身就是从百姓中征收的，当百姓受灾挨饿，政府就有义务去开仓赈济灾民。只有发挥政府资财在赈灾中的主导作用，才能使灾民获得较为可靠的食物保障，才能使广大灾民得到普遍的赈济。如果政府在赈灾中极为吝啬，不愿出更多的官粟，却徒责“赈粜”于上户，则其赈济怎能使灾民普遍受益呢？他主张政府的“赈饥之用”，应“以多寡为财费”，即根据灾民的实际需要来安排政府财费的支出，故“宜丰不宜吝”。

三、社会参与，患难相恤

解决民生问题，既需要政府的积极有为，也需要社会的积极参与。湛若水在社会参与上也提出了一系列的构想。

（一）老老幼幼，各得其所

老人与幼儿在古代常被视为弱势群体，是需要家庭和社会特别关心和照顾的对象，所以，中国古代强调“老老幼幼”。“老老”就是尊敬和奉养老人，一般指子女对年长父母的尊敬和奉养；“幼幼”就是呵护和抚养儿童，一般指父母对年幼子女的呵护和抚养。

湛若水对“老老幼幼”之道非常重视。《格物通·恤穷下》载，明太祖曾对中书省臣说：“得天下者，得民心也。夫老者，民之父母；幼者，民之子孙。恤其老，则天下之为子孙者悦；恤其幼，则天下之为父母者悦。”故他主张在中原兵难之后，应对老稚孤贫者速行赈恤。湛若水称赞明太祖“明见万里，视天下之民瘼如在目前，故不以国用之不足，而阻其勤恤之心。”他认为，得民心之道，不外于“遂其老老幼幼之愿”。

湛若水在《格物通·事长慈幼》中总结了历代“事长慈幼之道”，特别强调上层统治者在“老老幼幼”中的示范作用，还要求上层统治者通过“推恩”的方式将“老老幼幼”推向全社会，使天下所有的老人、儿童都能各得其所。

湛若水读《诗经·七月》，称此诗为周公陈后稷、公刘“风化”之所由以告成王之作，其中第五、第六篇将“敬老慈幼之道”表现到极致。第五篇的“嗟我妇子，曰为改岁，入此室处”，可见“老者慈幼之仁”；第六篇的“为此春酒，以介眉寿”，可见“少者事长之义”。他认为，公刘治国，“推仁义之心以行仁义之政，老老幼幼，各得其所。故仁义之化，薰蒸于一国，而国人化之，亦各老其老而幼其幼。”公刘又以仁义之心治西戎之地，使其民风土俗如此之美。故湛若水相信，若“御中土而有天下”的统治者能“举斯心加诸彼，老吾老以及人之老，幼吾幼以及人之幼”，则“时雍之治”（即天下太平的景象）何不可致？

《孟子·尽心上》中说道：“五亩之宅，树墙下以桑，匹妇蚕之，则老者足以衣帛矣。五母鸡，二母彘，无失其时，老者足以无失肉矣。百亩之田，匹夫耕之，八口之家足以无饥矣。”湛若水称此段话为孟子言周文王的“养老之政”。50岁的老人，非帛不暖，故在宅墙之下植之以桑，使匹妇供其蚕，事为茧，缫为布帛，则该年龄的老者可以有帛衣穿了。70岁的老人，非肉不饱，故家里养母鸡、母彘，让它们适时繁殖，则该年龄的老者可以有肉食了。每夫受田百亩以耕之，则上自父母、下及妻子可以仰事俯育而无饥了。湛若水认为，文王养老慈幼之政，只不过是推其“父母万物之心”，制“常生之产”以惠民。他希望有天下者，能思因民之所利而利之。

班固的《白虎通·考黜》曰：“君子不备责童子也。《礼》八十曰耄，九十曰悼，悼与耄虽有罪，不加刑焉。”湛若水认为，君子不备责童子，以其年幼不懂事；不加刑于有罪之悼、耄者，以其年老受不起刑。前者体现“慈幼”之仁风，后者体现“事长”之孝风。“老老”之教不行，则民不知“事长”；“慈幼”之教不行，则民不知“恤孤”。不知恤孤和事长，则仁孝之风也就几乎停息了。通过对“童子”和“悼耄”犯错的宽容，足见古人慈幼事长之风。

张载的《西铭》曰：“尊高年，所以长其长；慈孤弱，所以幼其幼。”湛若水认为，仁人之心，无亲疏内外之间，而其由亲及疏、自内及外，亦“天理之当然”。故吾之长而长之，而高年无所不尊，则天下之长无不长之；吾之幼而幼之，而孤弱无所不慈，则天下之幼无不幼之。驱天下之长长幼幼而归之仁人、长者之域，即所谓与天地万物一体，则施无不博，而济无不众。因此，他希望人君在孝悌上自尽其心，构建一个所有年长者和孤弱儿童在情感和物质上都能得到关心和照顾的美好社会。

（二）家规乡约，患难相恤

湛若水认为，解决弱势群体的生活出路问题，还需要发挥家族和乡村组织的力量。

第一，发挥家族内相恤互助的功能。

中国封建时代仍有浓厚的宗法制度，它以家族为中心，按血统远近区别嫡庶亲疏，采用嫡长子继承制，将家族子孙区分为大宗、小宗两个系统。嫡长子即正妻所生的长子，庶子即非正妻所生的儿子。大宗是同一始祖的嫡长子继承系统。从始祖的嫡长子开始，一代一代都以嫡长子来继承家族的权位而形成大宗。嫡长子以外的次子、庶子不能与继位的嫡长子同祖，要分出去自立一家，以后他就成为这一家族的始祖，即所谓“别子为祖”。别子的长子、长孙、长曾孙……也按嫡长子的继承传统世袭，这也属于大宗。别子之中的次子或更小的儿子，别子的长子、长孙、长曾孙……也都会有庶子，这些由庶子构成的世系就是小宗。湛若水特别重视家族内的相恤互助功能，提出了以下相恤互助措施。

一是制定家族内大宗小宗合食规则。湛若水在《大宗小宗合食训》中强调“合族”的重要性，认为“族合则恩义笃、伦理亲、五品逊、万化行，而天下平”。“五品”即父、母、兄、弟、子。“合族”的一个重要纽带就是“合食”。他指出：“合食之举，庶可联属子孙之心。”“合食”的操作方式是：“大宗子孙，一岁四合食，每于四孟月朔，合食于大宗之祠；小宗子孙，一月一合食，每于月朔，合食于小宗之祠。”“四孟”即孟春、孟夏、孟秋、孟冬，皆为每季的第一个月。每次合食时，有猪肉、牛肉、鱼、酒。“合食”既是维系家族团结的纽带，也能给家族中贫困者定期开开荤。这些做法，也基本反映在他所制定的《湛氏家训》中。当然，合食的花费不会由每家平摊，而是通过“合食田”的田租来支付。据洪垣在《湛甘泉先生墓志铭》中介绍：“小宗大宗，有义田、有合食田。”这就是说，“合食田”也是湛若水捐助设立的。湛若水在《滁阳卢氏祠堂记》中记载了卢氏家族“四世不分居而合爨”的相亲和睦家风。他认为，合爨之际，可以使整个家族成员意识到“吾粒食皆吾祖吾考之遗”、“吾菜羹皆吾祖考之遗”，从而树立“孝敬”意识；可以使家族中的“士者”意识到，“吾所肄业书籍，皆吾祖考之遗泽”，就会从政时“不敢忘祖考”，得俸禄则无“私入”，必以纳诸“公贮”，也就“无公私之过”了；可以使家族中的“农者”告慰祖宗，“某畋某田，得谷若干，必纳公仓”；可以使家族中的“工者商者”告慰祖宗，“某不敢淫巧受若直，怠若事”，“不敢腾若价，饰若货器，以上玷吾祖吾考，有则殛之”。湛若水在篇末还特别申明：该“记”不仅供卢氏家族遵守，还要自己的子孙遵守。湛若水对家族“合爨”、“合食”的设计，在当今社会很难找到立足之地，因为在当今社会，不仅家族观念早已淡去，家庭观念也日趋淡薄。家庭类型日益从联合家庭、主干家庭向核心家庭转化，分家分户已成为普遍现象。但是，在古代社会保障机制还不健全的情况下，家族采取“合爨”、“合食”的方式，对家族中的困难者可以起到一定的帮助作用。

二是提倡建立义田、义学制度。所谓义田，是指为供养贫乏的族人所置的田地。所谓义学，是指私人募集款项为家族子弟所设的免收学费的学校。义田、义学皆为北宋范仲淹所创，宋末元初学者牟巘在《范氏义塾记》中载：“范文正公尝建义宅，置义田、义庄，以收其宗族，又设义学以教，教养咸备。”“义田”的设置，是要协助解决家族中弱势群体的生计问题，明显属于民生话题。“义学”在古代社会的基本功能是提高家族子弟的道德修养，但也是家族中贫寒子弟通往仕途的基点，因而也具有民生的意义。而在当今中国，教育已归入“社会建设”领域，成为名副其实的民生话题。湛若水在《湛氏家训》中没有提到“义田”，但提到“立家塾”并有“供给”保障，基本与“义学”同义。他主要是在为人所写的墓志铭中提到，如卢和（字廉夫，号易庵）的“欲效范文正公为义田义学”，毛式之（号古庵）的“置义田以养三族，设义学以教礼义”。

三是制定家族内患难相恤的规则。湛若水在《湛氏家训》中系统地提出了一系列家族患难相恤的训规，以解决家族中弱势群体的生计问题。一是“蠲帮赡”，主要是协助解决家族中贫寒子弟的求学费用问题。它规定：本家有子弟读书为儒士者，每人赡助正斗四十石；为生员者，每人五十石以为靴帽、灯油、纸笔之供；四十无闻者，停止资助。二是“恤孤寡”，主要解决家族中孤寡者的生计问题。它规定：对于家中无子而又愿守志不出嫁的妇、妾和无父母而又孤茕无依者，并各额外给每人大斗五十石的谷物，使其自养自用。三是“义阡施棺”，主要解决家族中死者的安葬问题。它规定：家族中死者无安葬之地，令其葬于义阡中；家贫无棺木者，本家捐棺木下葬；禁止家族死者火葬。四是“济饥荒”，主要解决家乡及邻乡发生灾荒时的临时救助问题。它规定：本乡及邻乡之中有遇荒年不能自活者，湛氏子孙审实后，量作粥活之。五是“发义仓”，是遵湛若水先母陈氏遗训打开义仓解决贫困农民的“种本”问题。它规定：农耕时缺种子的农民，审核后确实贫困，则量支借之，以济其一年之望，不许取其利息，每岁会计，欠者追之，亦不必姑息。六是“遵赡法”，主要是协助解决书院弟子在读时生活保障的问题。它规定：将巡按有司资助设立的天关、莲洞及朱明等处精舍的赡田收入供养在读学子，凡各处来居学者，依旧规供给之，不得分人私己。

第二，发挥社区内相恤互助的功能。

湛若水制定《沙堤乡约》，其中一项要求就是“恤患难”。它规定：凡同甲者，义如一家之人，又如一人之身，须要如子弟相卫，手足相顾，且如手足在一人之身，刺之则知痛，岂有不相顾之理？兄弟阋于墙，外御其侮，岂有不顾卫之理？凡有疾病，必相问疗；有水火盗贼之灾，必相救援；有死丧，必相吊慰。邻里有丧，舂不相杵，巷不歌谣。同甲有被人诬害者，则二十四家率一乡之人共保洗白之。若遇横加诬人、总甲罗织之事，必共捍御之，不许其入本里为害，则人人有倚为善。可见，《沙堤乡约》是中国古代乡村自治和社区治理的重要体现，对于当今社区治理和乡村自治具有一定的借鉴意义。

（三）政府缺位，个体担当

解决民生问题，除了政府、家族和社区的力量外，还必须发挥社会个体的作用。湛若水自己就是热心公益事业的典范，他所设的社仓、农仓、赡田、合食田等资助了不少贫困农民。洪垣在《湛甘泉先生墓志铭》中称湛若水个人生活“勤俭约素”，但助人毫不吝惜，“推所有余，尽以给诸家人弟子”；为门生善士“捐数百金，曾不顾惜”。而他对别人义举的宣扬也是乐此不疲。

湛若水在《义泽桥记》中指出：“王者之政弛，而后义士彰，义士彰，王道之疢也。夫道义根于人心，行乎天地，未尝一日亡也。道不行于上，义乃彰于下。斯民也，三代之所以直道而行也。故赏罚之政不明而民明之，是故褒贬之义兴焉。津梁施舍之政不行而民行之，是故赒济之义作焉。”“王者之政弛”，意味着政府在社会公益事业上的缺位或失灵；“义士彰”，意味着民间在社会公益事业上的补位或作为。

湛若水非常鼓励社会个体在修建津梁、施舍穷人等社会公益事业上的主体作用。例如，他在《义泽桥记》中，赞赏安徽歙县汪钰捐资修建义泽桥的善举，以“义士”、“士而业儒者”称之；在《过东义庄感旧而作有序》中，对守史吏曹恭甫义捐赡田、诸生刘生誉等建“东义庄”的义举也是极为赞赏，还称曹恭甫“出谷万石以赈饥民，推煤山以公两邑”，皆为“希世义事”。这些都是个体资助修建的公益工程。

湛若水对个体周济义举的宣传也是不遗余力。如在《明故洪贤母汪氏墓志铭》中称洪母“岁大荒，母则加勤纺织，率至夜分，为布囊百余，节□[①]贮米，以济丐者”；在《明赠通议大夫都察院右副都御史刘公神道碑文》称刘德华“赒人之贫乏而勿吝”，“邻邑称贷，不取责偿”，均是“尚义”的表现。

①此处原文缺字。

后 记

我自撰写《岭南儒学志》至今，与湛若水的著作与思想打交道已有20载，遗憾的是，《岭南儒学志》至今尚未问世。自2007年至今，我有幸参与了黄明同教授发起的校勘、编辑、出版《湛若水全集》这一广州市重大古籍整理项目，并承担了《湛若水全集》的文献收集工作和湛若水的《二礼经传测》、《节定燕射礼仪》、《圣训约》、《参赞事略》、《湛氏家训》等著作的校勘工作。2015年至今，我又有幸成为黄明同教授发起的撰写、出版《心学大师湛若水丛书》这一中共广东省委宣传部“理论粤军”项目的学术团队中的一员，承担了其中一个子项目——《湛若水的民生思想》的撰写工作。

由于本套丛书的定位是普及性读物，所以本人也力求使本书具有以下特色：一是通俗性。对于引文中浅显易懂的文字不做解读，但需阐发其中的思想；对于引文中不易读懂的文字给予简要的解释，再去阐发其中的思想。二是原生性。湛若水的民生思想毕竟产生于封建土壤中，因此，本书本着历史主义的态度，从原典出发，对湛若水的民生思想不做过度解读，不“捧杀”，也不“棒杀”。三是学术性。本书尽管主要面向大众，但也要面向学者。因此，本书在引用湛若水和他人的论著时，都尽可能地提供书名及卷、章、篇名，便于学者去查阅。为了节省篇幅，本书主要提供《泉翁大全》的篇名、《格物通》的卷名和他人论著的篇名。四是应用性。湛若水的民生思想是极为丰富的，其中有不少思想对于我们今天认识民生、改善民生具有一定的启发价值。因此，本书从经世致用出发，力求将湛若水民生思想中仍具现代价值的因素发掘出来，为当代学术研究和政府决策提供参考。